I0139475

Poules soie de compagnie.

Tout sur les Poules soie, l'élevage, la reproduction, les soins, la nourriture et où les acheter.

Inclut les Poules soie noires, blanches et barbues.

par

Elliott Lang

Traduit de l'anglais vers le français par Lucy Rudford

Publié par IMB Publishing 2013

Copyright et marques déposées. Cette publication est protégée par le copyright 2013 de IMB Publishing. Tous produits, publications, logiciels et services mentionnés et recommandés dans cette publication sont protégés par des marques déposées. Toutes les marques déposées et le copyright appartiennent à leurs propriétaires respectifs.

Tous droits réservés. Aucune partie de cette publication ne peut être reproduite, archivée ou transmise, sous quelque forme ou par quelque moyen que ce soit (électronique, mécanique, par photocopie, enregistrement ou autre) sans l'accord préalable du titulaire du droit d'auteur. Les illustrations utilisées dans ce livre sont soit des photos achetées sur des sites de photos libres de droits, soit leur source est mentionnée sous la photo.

Avertissement et avis juridique. Ce produit ne présente pas des avis juridiques ou médicaux et ne doit pas être interprété comme tel. Vous devez agir avec la diligence raisonnable pour déterminer si le contenu de ce produit vous est adapté. L'auteur et affiliés de ce produit ne sauraient être tenus responsables des pertes et dommages associés au contenu de ce produit. Bien que tout a été mis en œuvre pour contrôler les informations partagées par cette publication, ni l'auteur ni ses affiliés n'assument la responsabilité des erreurs, des omissions ou des interprétations contraires du sujet traité dans cet ouvrage. Tout affront perçu par un ou des individu(s) ou organisme(s) spécifique(s) est purement involontaire.

Nous n'exerçons aucun contrôle sur la nature, le contenu et la disponibilité des sites internet proposés dans ce livre. L'inclusion de liens vers des sites internet n'implique pas nécessairement que nous recommandons ou que nous partageons les points de vue exprimés dans ces sites. IMB Publishing décline toute responsabilité et ne peut être tenu responsable de l'indisponibilité temporaire ou de la suppression des sites internet. L'exactitude et l'exhaustivité des informations contenues dans cet ouvrage ainsi que les opinions qui y sont exprimées ne garantissent des résultats particuliers, et les conseils et stratégies contenus dans cet ouvrage peuvent ne pas convenir à tous. L'auteur ne saurait être tenu responsable de toute perte subie à la suite de l'utilisation et de l'application directe ou indirecte, de toute information contenue dans cet ouvrage. Cette publication est conçue pour fournir des informations en lien avec le sujet traité.

Table des matières

Table des matières

Table des matières

Table des matières

Avant-propos

Il existe de nombreuses raisons de vouloir posséder des poules, la plus pratique étant la volonté de ramasser des œufs ou d'éliminer les insectes nuisibles du jardin. Toutefois, l'aspect pratique ne sera plus une priorité lorsque vous aurez réalisé à quel point ces oiseaux sont adorables.

Quand vous aurez passé un petit moment à observer les poussins qui se promènent et pépient comme pour appeler votre nom juste après leur éclosion, votre cœur en fondra.

Ces petits oiseaux duveteux sont si uniques qu'il courait une idée fausse selon laquelle c'étaient des hybrides de poules et de lapins. C'est bien entendu une impossibilité biologique, mais lorsque vous caresserez une Poule soie pour la première fois, vous aurez la sensation de passer vos doigts dans un duvet extrêmement doux.

Les Poules soie étaient auparavant appelées Nègre-Soie, ne soyez donc pas surpris si vous croisez cet autre nom.

Les plumes des Poules soie ne possèdent pas les petits crochets qui tiennent habituellement les brins de chaque plume ensemble pour former une structure plus rigide. Les Poules soie ne sont pas seulement très agréables à caresser, elles adorent aussi qu'on les caresse. De nombreux propriétaires affirment aimer leurs poules précisément parce qu'elles ressemblent si peu à des poules !

Leurs détracteurs peuvent protester en disant que c'est trop contraignant d'avoir une poule comme animal domestique, mais c'est faux. Vous n'avez pas besoin de leur faire faire de promenades. Elles mangent tout le temps donc il n'y a pas de repas planifiés, il suffit que de la nourriture et de l'eau propre soient disponibles en permanence.

Vous n'avez pas besoin de leur donner des bains — même si les Poules soie adorent passer une journée au spa — et si vous gardez la poule dans la maison, vous pouvez lui mettre une couche.

Oui, vous pouvez mettre une couche à votre Poule soie et elle vous laissera faire. Vous pouvez même entraîner votre poule à porter un harnais avec une laisse. C'est une erreur de croire que les poules ne sont pas intelligentes. Elles ne sont pas capables de comprendre un langage complexe, mais elles comprennent vite, en particulier si vous renforcez leur entraînement avec des récompenses — un grain de raisin par exemple, ou un bon morceau de banane.

Attendez. Les poules ne mangent-elles pas du maïs et des graines ? Oui. Mais elles mangent aussi vos restes de repas et des insectes — pratiquement n'importe quoi. Et vous pouvez acheter jusqu'à 25 kg d'alimentation commerciale pour les poules au prix de 15 à 25 €. Cela suffit pour nourrir quelques poules pendant 3 à 4 mois !

Si votre but est de montrer le cycle de la vie à vos enfants, depuis l'œuf fertilisé jusqu'à l'oiseau adulte, vous aurez une période d'incubation et d'élevage de deux mois — encore une fois avec très peu de dépenses de votre part — suivie d'une espérance de vie de 9 ans.

Au cours de cette période, vos enfants profiteront de l'affection d'un animal domestique au caractère doux, et ils apprendront également beaucoup de choses sur l'élevage animal.

Ce livre fournit une vue d'ensemble des Poules soie et comprend une discussion de leurs besoins selon qu'ils habitent dans ou en dehors de la maison.

Les maladies les plus courantes sont décrites, ainsi que les routines quotidiennes, les besoins alimentaires et les soins. Ce texte examine également les processus complexes par lesquels il faut passer pour participer à des concours de beauté pour les poules. Il y a des liens vers des sites internet et un rappel de toutes les ressources à la fin de ce livre.

Ne ramenez jamais un animal domestique chez vous, quel qu'il soit, sans avoir au préalable tout préparé pour le soigner et le nourrir. Dans ce livre, vous trouverez tout ce qu'il vous faut pour localiser, adopter et faire entrer une Poule soie dans votre famille.

Mais soyez prévenus qu'il est extrêmement difficile de s'arrêter à une seule Poule soie ! Vous êtes sur le point de rencontrer la plus charmante et la plus sociable de toutes les races de poules — et, comme la plupart des propriétaires de Poules soie, vous tomberez amoureux de leurs personnalités fantasques et de leur tendresse. Il n'existe tout simplement pas de poule comparable à la Poule soie. Continuez votre lecture et vous saurez pourquoi.

Chapitre 1 – Une introduction aux Poules soie

Il est presque impossible de voir une Poule soie sans être intrigué. L'aspect duveteux de leur plumage et leurs huppes voyantes conduisent beaucoup de gens à dire que ces oiseaux portent des « perruques ». Ajoutez à cela les plumes des pattes qui rappellent les culottes longues du XIXe siècle, et la Poule soie devient irrésistible.

La race est parfois appelée Poule soie japonaise ou Poule soie chinoise.

Le véritable avantage est que la Poule soie possède une personnalité en accord avec sa belle apparence. Les Poules soie aiment les humains et elles aiment interagir avec nous de façon curieuse et attendrissante.

1. Histoire des Poules soie

Ces Poules soie sont bien nommées. Lorsque vous en toucherez une pour la première fois, vous aurez l'impression de caresser de la soie. De nature docile et très petites, ce sont des compagnes charmantes et de superbes poules d'exposition.

Il est probable que la race est née quelque part en Asie du Sud-Est. Au XIIIe siècle, le voyageur italien Marco Polo écrivit à propos de poules étranges qu'il rencontra qu'elles étaient « à fourrure ». On pense qu'il s'agit de la première référence écrite à la Poule soie.

Une description plus détaillée fut écrite en 1599 par un autre Italien, le naturaliste Ulisse Aldrovandi de l'Université de Bologne. Il décrit les oiseaux comme des « poules porteuses de laine » et compara leurs « poils » à ceux d'un chat noir.

L'explication la plus probable de l'arrivée des Poules soie en Europe est qu'elles ont fait route vers l'ouest depuis l'Asie, le long de la Route de la Soie, en même temps que beaucoup d'autres produits luxueux étrangers au XVIe siècle. Aux États-Unis, la race fut acceptée dans le *Standard de Perfection* de l'Association Américaine de Volailles dès la première année de sa publication, en 1874.

L'apparence des Poules soie est à l'origine de nombreuses légendes, comme l'idée absurde avancée par des éleveurs néerlandais que les oiseaux sont des descendants de lapins et de poules. Il ne subsiste toutefois aucun doute quant au côté excentrique de cette poule avec son expression déterminée et sa façon de se pavaner.

Ces oiseaux superbes et sympathiques sont une des races les plus populaires parmi les races d'ornement. Ce sont de très bons animaux domestiques – dans la basse-cour, ou même dans la maison – et elles sont très appréciées dans les expositions.

2. Caractéristiques générales des Poules soie

Les Poules soie sont particulièrement belles. En plus de leur plumage doux, leur chair, leurs os et leurs oreillons sont bleus. Contrairement aux autres poules, elles ont cinq orteils à chaque pied et leurs jambes et pattes sont emplumées. Elles ne peuvent pas voler, et comme elles sont de nature placide, cela les rend très faciles à contrôler.

L'un des aspects les plus séduisants de leur apparence concerne leurs « huppes » qui sont des touffes de plumes sur le haut de leur tête. À mesure que la huppe pousse, elle a tendance à se boucler et à tomber sur le visage de l'oiseau. La huppe cache le fait que le crâne de la Poule soie est bombé.

Chez une poule d'exposition, cela se manifeste par une tête arquée sur le haut, ce qui la rend vulnérable. Les Poules soie souffrent souvent d'hydrocéphalie (voir le Chapitre 6 – Généralités sur la santé des Poules soie) et elles peuvent être tuées ou souffrir de graves déficiences neurologiques suite à un coup de bec sur la tête infligé par un autre oiseau.

La huppe peut également gêner la vue de la Poule soie. C'est un problème auquel on peut remédier de différentes manières, depuis les pinces à cheveux jusqu'au ruban adhésif de coiffeurs ou même des élastiques à cheveux décoratifs (voir le Chapitre 8 – Exposer les Poules soie pour plus de détails). Pour les Poules soie de compagnie, vous devrez peut-être couper la huppe avec précaution, pour qu'elles puissent voir où elles vont !

La Poule soie pèse en moyenne 3,3 à 8,8 kg, et son espérance de vie est de 9 ans. Ce ne sont pas des animaux compliqués, ils ne nécessitent pas beaucoup de soins, même si les poules d'exposition doivent être « toilettées » plus longtemps avant d'être jugées.

Les Poules soie sont des oiseaux sympathiques qui aiment être manipulés au point de demander votre attention. Elles peuvent être très affectueuses et fidèles. Si elles sont manipulées avec douceur dès leur plus jeune âge, les Poules soie peuvent être des compagnons dévoués, et elles accepteront même d'apprendre des tours si elles ont quelque chose à y gagner – comme leur gâterie préférée par exemple.

La Poule soie est une race robuste et résistante, c'est un oiseau actif qui aime courir partout et gratter à la recherche de nourriture, mais il n'est pas bruyant et peut vivre en zone urbaine si la possession de volailles est autorisée par la commune. (Pour plus d'informations sur les considérations légales concernant la possession de poules de basse-cour, consultez le Chapitre 2).

Pour être heureuses et en bonne santé, les Poules soie ont besoin d'un espace pour se promener sans crainte des prédateurs. La sagesse populaire recommande un espace de 1 mètre de large sur 2,4 m de long pour un maximum de quatre poules. (Pour en apprendre plus sur la construction de l'enclos, voyez le Chapitre 2.)

3. Améliorations de la race et popularité dans les expositions

Durant les trois dernières décennies, la race a subi des améliorations significatives, qui ont mené à une prolifération de nouvelles couleurs et une augmentation progressive de la quantité de plumes sur les pattes. Une grande partie de cette activité est venue en réponse à la popularité croissante des Poules soie dans les expositions.

Les Poules soie ont suvent la préférence des enfants qui participent à des expositions d'animaux. L'extrême docilité de la Poule soie et la facilité de son élevage, même en ville, en font un très bon choix pour les enfants qui n'ont pas la possibilité d'élever des animaux plus gros comme le bétail, les moutons, les chèvres ou les cochons.

4. Production d'œufs et de viande

Les Poules soie sont des couveuses incroyables et couveront n'importe quel bébé animal, quelle que soit son espèce. Cet instinct maternel ne s'étend toutefois pas à la production des œufs. Au plus, attendez-vous à obtenir 3 œufs par semaine et par poule (environ 90 à 120 œufs par an).

Pour encourager la production des œufs, ramassez-les aussi vite que possible après la ponte. Si vous autorisez une Poule soie à couver quelques œufs, attendez-vous à environ 6 à 8 poussins. Les œufs des Poules soie sont petits et couleur crème.

Les personnes qui élèvent du gibier comme les cailles ou les perdrix, possèdent souvent quelques Poules soie pour les utiliser comme des incubateurs vivants. Ces poules aiment tellement couver, qu'elles le font même lorsqu'elles n'ont pas d'œufs. Cela conduit de nombreux passionnés à dire que les Poules soie peuvent même faire éclore les cailloux. L'expression « maman poule » pourrait avoir été inventée spécifiquement pour ces poules-là.

Autre détail intéressant, lorsque la Poule soie élève ses propres poussins, elle ne le fait pas toute seule. Les coqs ont eux aussi une part de l'instinct maternel de la race. Les mâles sont extrêmement doux avec les poussins, ils leur apportent de la nourriture et passent du temps avec eux dans l'enclos pour les surveiller.

Il est très rare que les Poules soie soient élevées pour leur viande : celle-ci étant bleue foncée, elle n'est pas très appétissante. La viande est mangeable, mais ceux qui ont goûté disent qu'elle a un fort goût de gibier. On l'utilise dans certaines cultures asiatiques d'après lesquelles elle est censée avoir des vertus curatives, mais dans le monde occidental, ces oiseaux sont principalement des animaux domestiques et d'exposition.

Comprendre la structure de la plume de la Poule soie

Les oiseaux sont les seuls animaux sur Terre à posséder des plumes, ces choses qui poussent sur l'épiderme et qui permettent à la plupart des espèces aviaires de voler. Les poules ne sont toutefois pas réellement des oiseaux de vol. Elles font partie d'une plus grande famille d'oiseaux, les « volailles », qui comprend également les dindes, les pintades et les canards. Ces oiseaux sont adaptés à vivre au sol, même si les chasseurs vous diront que les canards sont parmi les meilleurs oiseaux de vol qui existent.

Si vous observez les volailles de près, vous verrez que leurs becs sont faits pour picorer dans la terre et que leurs pattes sont conçues pour marcher.
Les poules nichent pendant la nuit, entourant leurs perchoirs de leurs orteils, mais elles passent la journée à se promener, à gratter le sol à la recherche d'insectes et à profiter de leurs bains de sable. Lorsqu'elles sont effrayées, les poules peuvent voler sur une courte distance, mais il est tout aussi probable qu'elles partent en courant.

Les oiseaux ont deux types de plumes

Les Poules soie ne peuvent pas voler du tout, car leurs plumes sont très différentes. La plupart des oiseaux, les volailles incluses, possèdent deux types de plumes.

— **Les pennes et les plumes de couverture** recouvrent l'extérieur du corps. Visuellement, la penne est ce que l'on imagine lorsqu'on entend le mot « plume ».

— **Les plumes du duvet** sont plus douces et se trouvent sous les plumes de couverture plus rigides. Le duvet est doux et cotonneux, c'est aussi ce qui couvre en premier le corps des poussins lorsqu'ils éclosent.

Les pennes sont essentiellement utilisées par les humains pour l'ornement.

Imaginez simplement une plume glissée dans le ruban d'un chapeau et vous saurez de quoi je parle. Les plumes de duvet ont traditionnellement été utilisées pour le rembourrage et l'isolation, dans des oreillers, des matelas ou encore des blousons par exemple.
(Le duvet utilisé de cette façon-là provient d'oiseaux aquatiques et la pratique est de moins en moins courante, car elle est associée à des problèmes de cruauté envers les animaux.)

Comparaison entre les plumes typiques et les plumes des Poules soie

Une penne typique possède une tige centrale. C'est cette tige dure qui sépare les deux côtés de la plume, les deux vexilles. Les vexilles s'étendent de part et d'autre du rachis (la partie pleine de

16

la tige). Chaque vexille est composé d'une série de branches parallèles nommées barbes.

Les barbes possèdent des branches ou des extensions plus courtes nommées barbules. Ces structures minuscules possèdent des crochets et maintiennent la forme de la plume, la rendant rigide, mais exceptionnellement légère et donc bien adaptée au vol.

Les plumes des Poules soie ne possèdent pas de barbules de ce type, donc les plumes ne sont pas rigides. Chaque barbe fait environ 50 à 75 mm de long et est très douce. Cette différence structurelle donne l'impression que la poule est « poilue » ou « chevelue ».

Mue et poussière

Toutes les poules produisent de la « poussière » qui fait partie du cycle naturel du plumage. C'est un processus continu tout au long de l'année qui s'accentue au printemps et à l'automne. La majorité de la poussière provient de la croissance de nouvelles plumes. À mesure que les tiges poussent, elles s'écaillent. Chaque fois qu'une poule perd une plume, la structure est remplacée, c'est pourquoi il y a toujours un peu de poussière dans les plumes.

À l'automne, les poules muent : elles perdent leurs plumes qui sont remplacées. Cela peut être un processus surprenant pour les nouveaux propriétaires de poules qui ne sont pas habitués à l'aspect « plumé » et « nu » de leurs poules. La mue est une période de forte production de poussière.

Les jeunes oiseaux, dont les Poules soie, muent également lorsqu'ils perdent leurs plumes juvéniles. Cela fait partie du processus de croissance et n'est pas un signe de maladie. Au printemps, les adultes ne muent pas, mais la croissance des plumes peut être accélérée, ce qui peut conduire à davantage de poussière.

5. Les types de Poules soie

Les Poules soie peuvent posséder une barbe. Cette barbe est une petite masse de plumes située sous le bec et autour de la face. Les barbillons, des appendices de peau qui pendent dans le cou, sont différents pour chaque variété :

— Une Poule soie sans barbe possède de grands barbillons qui mesurent de 25 à 40 mm, les femelles ont des barbillons plus petits que les mâles.

— Une Poule soie à barbe possède de petits barbillons qui mesurent 5 mm et qui sont entourés de la barbe duveteuse.

Les variétés barbues et non barbues possèdent toutes deux la huppe caractéristique de la race, et toutes deux possèdent une crête sur la tête. Chez les Poules soie cette crête est simplement un coussin de peau qui ressemble à une verrue sur le front de l'oiseau.

Les couleurs acceptées chez les Poules soie sont le blanc, le noir, le bleu, le fauve, le gris perle, le perdrix doré et le perdrix argenté. Les couleurs rouge et coucou ne sont admises que dans certains pays.

Chapitre 2 – Posséder des Poules soie dans le jardin

Les Poules soie ne sont pas de bonnes pondeuses et elles ne sont pas non plus élevées pour leur chair. En théorie, les poules peuvent aider à éliminer les insectes du jardin, même si elles risquent également d'arracher les petites pousses tendres des jeunes plantes.

Le fumier de poules et la paille sont excellents pour le tas de compost, donc en ce sens, l'élevage de poules dans son jardin est respectueux de l'environnement.

Toutefois, les Poules soie servent principalement d'animaux domestiques et de poules d'agrément, tenant compagnie et divertissant leurs propriétaires. En outre, posséder des poules domestiques et s'en occuper est une expérience pédagogique pour les enfants, particulièrement pour ceux qui vivent en zone urbaine et qui n'auraient autrement pas l'occasion d'explorer l'élevage d'animaux de ferme.

Si dans votre localité vous avez le droit de détenir des poules, vous devez alors décider de la manière de les abriter – des décisions qui doivent être prises et exécutées AVANT de ramener les poussins à la maison.

1. Considérations légales

Il n'existe pas de réponse unique concernant les lois qui régissent l'élevage de volailles. Les dispositions légales dépendent des localités et varient de l'interdiction totale à une limitation du nombre de poules autorisées ou à une interdiction de détenir des coqs seulement. Si vous avez l'intention de garder une poule dans la maison, les lois peuvent être différentes.

Renseignez-vous auprès de votre mairie pour savoir s'il existe des restrictions concernant la possession de poules de compagnie. Les habitants de lotissements devront également lire le règlement du lotissement pour s'assurer que la possession de poules sur le terrain est autorisée.

Les règlements et les décrets locaux affectent la possession de poules plus directement que les lois nationales. Ainsi les lotissements bannissent parfois la possession de volailles ou de bétail. La meilleure option est de se renseigner auprès des autorités municipales avant d'acquérir une poule de compagnie.

2. Construire des enclos pour les poules

Sauf si avez décidé de garder votre Poule soie dans la maison (une possibilité expliquée en détail au Chapitre 3), vous avez beaucoup de choses à faire avant de ramener le nouvel oiseau chez vous. C'est une erreur de penser qu'il vous suffit d'acheter une cage, de la poser dans le jardin et de mettre la poule dedans.

Les poules ont des besoins spécifiques en ce qui concerne leur enclos.

L'emplacement de l'enclos

Votre première décision sera de choisir où situer votre enclos. Il vous faut un endroit au soleil, mais avec de l'ombre également. Ne choisissez pas un endroit risquant d'être inondé. Ce n'est pas bon pour la santé de poules de les forcer à se promener dans de l'eau stagnante.

Une fois que vous aurez décidé de l'emplacement de l'enclos, vous pourrez déterminer quel type de poulailler est le plus adapté à votre propriété et à vos objectifs. Il existe quatre manières d'abriter les poules :

— Confinées dans un poulailler avec un enclos attenant.
— En liberté dans le jardin avec un poulailler pour la nuit.

— En semi-liberté, ce qui associe les deux approches.*
— Dans des poulaillers mobiles ou transportables.

(* Pour la semi-liberté, un poulailler est entouré d'un grand enclos qui offre aux poules une liberté de mouvement similaire à celles qui sont en liberté, mais dans le cadre d'un enclos protecteur.)

L'espace est un élément important

Pour la santé de vos oiseaux, il est important de leur offrir suffisamment d'espace, quel que soit le type d'enclos que vous choisissez.

Une poule a besoin d'environ 0,4 m² dans chaque abri. Par exemple :

— Si vous voulez élever trois poules, vous aurez besoin de 1,20 m² dans le poulailler.

— Si vous ajoutez un enclos ou un parcours extérieur à ce poulailler, cet espace devrait faire 1.20 m² également.

N'oubliez pas que la surpopulation augmente le stress des oiseaux et les disputes, et favorise également la propagation des maladies. Les poules sont des oiseaux salissants. Plus vous essayez d'en contenir dans un petit espace, plus ce sera difficile pour vous de nettoyer et d'entretenir le poulailler.

Autres décisions importantes concernant le poulailler

Vous devrez également vous décider au sujet des éléments suivants :

— *La hauteur du poulailler*. Même si les poules pondent dans des nids, elles se perchent la nuit et auront besoin d'assez d'espace au-dessus de leurs têtes et devront être assez loin du sol pour faciliter le nettoyage. Vous devez pouvoir entrer dans le poulailler pour le nettoyage. Ne placez JAMAIS les mangeoires ou les abreuvoirs sous les perchoirs.

— *Perchoirs*. Les Poules soie ont tout particulièrement besoin de perchoirs, car leurs pattes sont emplumées. Les pattes d'oiseaux d'ornement doivent être maintenues propres à tout moment, mais même les autres Poules soie doivent éviter de marcher sur un sol sale, dans de l'eau stagnante ou dans la boue. Les pieds sales favorisent les parasites et les infections.

— *Ventilation*. Le poulailler ne doit pas être soumis à des courants d'air, mais il ne doit pas non plus retenir la chaleur ou l'humidité. Cela encouragerait les maladies et tout un éventail de parasites. Si possible, utilisez une ventilation croisée qui augmente le refroidissement, diminue les odeurs et sèche le poulailler (voir la section suivante concernant le contrôle du climat).

— *Le sol*. Il est important de ne pas installer un sol glissant, mais il ne faut pas non plus que le plancher pourrisse ou abrite les mauvaises odeurs. La plupart des propriétaires de poules optent pour un sol en terre battue ou en bois, car le bois sèche facilement si la ventilation est adaptée. Le sol est recouvert de litière qui absorbe l'urine, les excréments et l'eau.

— *Luminosité*. Diminuer le stress chez les poules est toujours une considération importante : les poules n'aiment pas se sentir entièrement enfermées et piégées. La lumière naturelle permet à vos poules de maintenir un rythme de sommeil et de réveil régulier. Votre poulailler doit donc avoir des fenêtres.

— ***Nichoirs***. Même si les Poules soie ne sont pas de bonnes pondeuses, elles adorent couver et nicher. Elles dorment sur leurs perchoirs pendant la nuit, mais des nichoirs propres et secs remplis de paille ou de sciure rendront vos poules très heureuses. Et même avec des Poules soie, vous pourrez vous attendre à environ 3 œufs par semaine.

Lors de l'arrivée de vos poules, le poulailler devra être entièrement construit et toutes les fournitures devront être prêtes. Les poules pourront ainsi être accueillies dans un lieu adapté à leurs besoins. Elles pourront alors s'acclimater avec un minimum de stress.

Contrôle du climat

Les Poules soie aiment avoir accès à la lumière du soleil, mais elles sont sensibles aux températures élevées. Il est essentiel qu'elles disposent d'eau fraîche et d'un endroit à l'ombre pour se réfugier du soleil.

Si les températures dans votre région atteignent souvent les 37 °C en été, vos Poules soie auront besoin de plus de fraîcheur. La plupart des éleveurs utilisent des brumisateurs et des ventilateurs, mais il peut aussi arriver que les poules aient un poulailler à air conditionné dans les climats chauds.

Pour se rafraîchir, les poules ne transpirent pas, elles halètent. Lorsque la température ambiante est trop élevée, elles ne peuvent pas assez se rafraîchir. Les systèmes de brumisateurs sont peu coûteux et peuvent être achetés sur internet ou dans les grands magasins de jardinage pour 20 à 50 €.

Certains possèdent des ventilateurs inclus, ou bien vous pouvez utiliser un ventilateur séparé pour déplacer l'air humidifié. Il ne s'agit pas d'un luxe pour les Poules soie, mais d'un outil vital pendant les étés chauds.

Trouver des plans pour la construction d'un poulailler et coûts associés

Internet abonde de dessins de construction de poulaillers. Vous pouvez par exemple trouver des poulaillers faits maison sur le forum de Gallinette.net, pensez également à chercher sur Youtube, car il est souvent plus facile d'imaginer le poulailler fini lorsqu'on voit sa construction étape par étape.

Les coûts de construction d'un poulailler varient d'un projet à l'autre, mais sur les forums de propriétaires de poules, la plupart prévoient un budget situé entre 150 et 300 € pour un poulailler avec enclos attenant. Ces structures faites maison sont souvent plus grandes que les poulaillers commerciaux en kit.

Toutefois, si vous n'êtes pas très bricoleur et que vous souhaitez acheter un poulailler tout fait, il existe des solutions comme Chemin-des-poulaillers.com ou d'autres vendeurs sur internet ou ailleurs. Les poulaillers peuvent être achetés sous forme de kits allant du petit poulailler standard à 100 € jusqu'au poulailler de luxe décoratif pouvant coûter jusqu'à 1500 €.

Vous pouvez également acheter un poulailler chez un artisan : tout bon menuisier peut vous en construire un, mais la main d'œuvre sera alors ajoutée au coût des matériaux.

Des poulaillers tout faits peuvent se trouver dans les magasins de jardinage et de bricolage, en particulier en zone rurale.

Pour chaque enclos il faudra un poulailler, et c'est la plus grande dépense. Si vos poules sont élevées en liberté, vous n'aurez besoin que du poulailler. Toutefois, si vous souhaitez les mettre en semi-liberté, vous devrez tenir compte du coût de l'enclos plus grand. Cette dépense peut être très variable, en particulier si vous construisez vous même ou que vous demandez à un menuisier de le faire.

Des enclos produits industriellement, qui sont essentiellement des cadres en bois de différentes tailles avec des murs de grillage, coûtent entre 200 et 400 € pour un enclos d'environ 1,20 m x 1 m.

Avec seulement 1,20 m² environ, vous ne pourrez abriter que 3 poules. Pour les mettre en semi-liberté, vous aurez besoin d'un enclos 2 à 3 fois plus grand.

3. Garder vos poules confinées dans le poulailler

Garder vos poules dans une structure qui les protège des prédateurs et limite leurs mouvements à un espace donné possède de nombreux avantages. Parce que les poules aiment gratter à la recherche de nourriture, si vous les enfermez, elles dépendront exclusivement de leurs propriétaires pour tous leurs besoins nutritionnels.

Il faut également savoir qu'en l'espace d'une semaine, tout morceau de jardin inclus dans l'enclos sera réduit à de la terre nue. Les poules auront mangé toutes les herbes et empêcheront la repousse des plantes en prenant des bains de poussière réguliers.

(Les bains de poussière servent à éliminer les parasites de façon naturelle, ils doivent donc être encouragés.)

Lorsque les poules sont maintenues au poulailler, il faut faire particulièrement attention à la surpopulation qui est un facteur de stress majeur pour les volailles. Cela peut rendre les poules agressives entre elles et certaines peuvent mourir de façon prématurée.

L'espace recommandé pour un poulailler avec enclos attenant est un espace de 2,50 m x 1 m pour 3 poules ou moins.

4. En libre parcours avec poulailler pour la nuit

Les poules qui sont en libre parcours peuvent se promener toute la journée à la recherche d'insectes et d'herbe à manger. Elles peuvent gérer leur alimentation de façon plus naturelle et spontanée, en plus de recevoir la nourriture que donne le propriétaire.

La nuit, les poules rentrent au poulailler pour se reposer et elles sont généralement enfermées pour les protéger des prédateurs. Elles sont ensuite relâchées tôt le matin, en même temps qu'elles reçoivent leur premier repas de la journée.

Le principal inconvénient de ce système est que les oiseaux sont vulnérables aux prédateurs comme les animaux sauvages, les chiens et les chats.

5. Le compromis de la semi-liberté

Comme lorsque les poules sont confinées dans le poulailler, la solution de la semi-liberté crée un enclos à l'intérieur d'un autre enclos. Un petit poulailler avec un enclos est situé à l'intérieur d'un plus grand enclos possédant ou non un toit. (Les faucons et autres oiseaux de proie peuvent attraper les poules, il vaut donc mieux fermer le haut de l'enclos avec du grillage si possible.)

Si vous avez suffisamment d'espace pour créer un environnement de semi-liberté, vos poules pourront passer leur journée à gratter, picorer et prendre des bains de poussière, mais vous aurez la possibilité de les mettre dans un espace plus petit si nécessaire et de les enfermer dans le poulailler pour la nuit.

Avec assez d'espace, vous pouvez également élever plus de poules avec davantage de sécurité.

6. Les poulaillers mobiles

Ils permettent de déplacer le poulailler, de façon à faire bénéficier vos poules d'herbe fraîche et de nouvelles populations d'insectes. Lorsqu'un endroit commence à être abimé, le poulailler est déplacé ailleurs.

Évidemment, ce système nécessite d'avoir un grand terrain, mais il a l'avantage de confiner et de protéger les poules. Cependant, là encore le risque de surpopulation est le principal souci.

Si vous achetez ou construisez un poulailler mobile, rappelez-vous que c'est simplement un appartement « tout-en-un » pour vos poules. La structure comprend un poulailler avec des perchoirs et des nichoirs et un enclos attaché et couvert.

Certains poulaillers mobiles sont fixés sur des essieux avec des roues, mais imiter le fonctionnement de la luge est peut-être plus pratique pour permettre aux poules de rester au sol.

(Notez cependant que les poulaillers à roues seront plus faciles à déplacer à la main, alors que les autres devront être tirés par un tracteur.)

De nombreux poulaillers mobiles prêts à l'emploi placent le poulailler au sol. C'est une perte d'espace et va à l'encontre des préférences naturelles des poules. Si vous souhaitez utiliser un poulailler mobile, vous devez en trouver un où le poulailler se situe à au moins 50 cm du sol. Cela permet d'être mieux protégé contre les prédateurs et cela augmente l'espace au sol où vos poules pourront se déplacer et gratter.

Une bonne taille de poulailler mobile est de 1,50 m de large par 1,80 à 2,10 m de long. Cela offrirait 2,7 à un peu plus de 3 m², ce qui suffit pour 7 à 8 Poules soie car ce sont de petites poules.

Outre le poulailler surélevé avec des nichoirs, le poulailler mobile devrait posséder quelque chose pour faire de l'ombre au-dessus de l'enclos ainsi que des portes ou des panneaux pouvant s'ouvrir qui permettent à l'ensemble d'être nettoyé et qui laissent le passage pour changer l'eau et la nourriture.

La fréquence à laquelle vous déplacez le poulailler dépend entièrement de la vitesse à laquelle vos poules mettent le sol à nu.

Les poulaillers mobiles sont de plus en plus populaires, notamment dans les zones urbaines ou semi-urbaines. Ils sont souvent déplacés au-dessus des potagers où les poules retournent naturellement la terre et éliminent les insectes.

Les poulaillers mobiles peuvent eux aussi être achetés tout prêts ou fabriqués à partir de plans que l'on peut trouver sur internet. (Tapez par exemple « Construire poulailler mobile » ou « plans poulailler mobile » dans votre moteur de recherche favori.)

À l'achat, les poulaillers mobiles coûtent entre 300 et 700 €. Pour construire un poulailler mobile de 3 m², vous en aurez pour environ 250 € de matériaux.

7. Garder les poules dans la maison

Oui, certaines personnes gardent leurs poules dans la maison, ce qui est expliqué plus en détail dans le Chapitre 3. Dans ces circonstances, lorsqu'elles sont munies de « couches » pour volailles, les poules peuvent être en « libre parcours » dans la maison.

Toutefois, la maison est un environnement totalement différent de ce à quoi la poule est habituée et il faudra prendre garde à accommoder les besoins naturels de la poule qui gratte, picore et prend des bains de poussière. Les Poules soie sont si dociles qu'elles acceptent d'être promenées en laisse, ce qui est une façon sécurisante de les faire aller dehors.

Les poules d'intérieur voudront percher pour la nuit, donc il faudra disposer d'une cage avec les perchoirs appropriés, et les

Poules soie adorent nicher. Bien sûr, si elles en ont l'occasion, elles préféreront nicher sur un coussin de canapé confortable plutôt que dans une caisse avec de la paille, ne soyez donc pas surpris. Les poules – et particulièrement les Poules soie qui sont sociables et affectueuses – s'habituent très vite à vivre dans la maison !

8. Se protéger des prédateurs

Quel que soit le type d'enclos que vous choisissez pour vos Poules soie, prenez toutes les précautions nécessaires contre les prédateurs. À l'extérieur, cela implique d'utiliser du grillage qui s'étend jusqu'à 15 cm vers l'extérieur de l'enclos afin de décourager les prédateurs de creuser. Il vaut mieux également couvrir l'enclos de grillage pour décourager les prédateurs venant du ciel, comme les faucons, qui peuvent sinon plonger dans l'enclos et emporter une de vos poules.

Les animaux contre lesquels il faudra vous protéger incluent entre autres : les fouines, renards, faucons, rats et même les pies. Certains de ces animaux ne s'attaquent qu'aux œufs, mais beaucoup tuent aussi les poules. Fermez le poulailler pendant la nuit et assurez-vous qu'il n'y a pas d'autres ouvertures.

Ne faites pas confiance aux chiens et aux chats domestiques, même les vôtres. Dans certains cas, ils ignorent les poules, mais dans d'autres, ils peuvent essayer de jouer avec elles. Les poules sont si vulnérables au stress qu'un chien peut en tourmenter une jusqu'à ce qu'elle meure, alors que le chien voulait simplement jouer.

Les poules ne sont pas exemptes de responsabilité. Elles peuvent être très territoriales et on sait qu'elles peuvent harceler les chats – jusqu'à ce que ceux-ci règlent le problème une bonne fois pour toutes.

De façon générale, il vaut mieux se dire que tout ce qui peut tuer ou manger une poule le fera.

Chapitre 3 – Votre Poule soie au sein de la famille

Les personnes qui disent qu'elles ne peuvent pas imaginer qu'on puisse s'attacher à une poule n'ont clairement jamais rencontré une Poule soie. Ces oiseaux doux et magnifiques possèdent un charme unique qui les différencie des autres volailles. C'est pour cette raison que ce sont d'excellents animaux domestiques.

Les Poules soie sont aussi des poules d'ornement parfaites, elles fonctionnent bien au contact des enfants qui participent pour la première fois à des concours. Il est tout simplement impossible de ne pas aimer les Poules soie, il est donc important de savoir ce dont ce nouveau membre de la famille a besoin en matière de soins, d'aide, de protection, d'attention et d'affection.

1. Les Poules soie et les autres poules en enclos

Si vous introduisez vos Poules soie dans un groupe de poules préexistant, le mieux est de laisser les poules faire connaissance en les séparant d'abord par un portail ou un grillage. Cela permet aux deux groupes de s'observer et de s'acclimater, tout en empêchant toute agressivité. Après environ une semaine, les Poules soie peuvent être lâchées dans l'enclos des autres volailles, mais sous surveillance pendant la première journée, pour s'assurer qu'il n'y a pas d'altercations.

Il peut être judicieux de donner à la Poule soie un petit poulailler individuel pour garantir des relations paisibles avec les autres poules, en particulier si les Poules soie sont jeunes. Cela n'est pas nécessaire pendant longtemps et peut ne pas être utile du tout. Les Poules soie s'entendent très bien avec des poules plus grandes, et il y a rarement des problèmes pour les intégrer.

2. Les Poules soie et les autres animaux domestiques

Posséder des poules en même temps que d'autres animaux domestiques, en particulier des chats, peut être compliqué. Certains chats les ignorent simplement, alors que d'autres les harcèlent et les attaquent. (Ne faites jamais confiance à un chat s'il y a un poussin. L'instinct félin est tout simplement trop fort pour résister.) Cette précaution doit aussi être prise avec les chiens. Souvent, les animaux domestiques pensent qu'ils sont en train de jouer avec les poules, mais celles-ci peuvent mourir du stress occasionné, ou elles peuvent être blessées jusqu'au sang.

Si un oiseau est blessé par un autre animal, le véritable danger pour la vie de l'oiseau peut venir de ses propres congénères. Si les poules voient du sang sur une autre poule blessée, elles vont le piquer à mort. Si l'une de vos poules est blessée, séparez-la des autres pour sa propre sécurité.

En règle générale, il vaut mieux tenir les poules éloignées des autres animaux domestiques. Si vous avez l'intention de maintenir la poule dans la maison, la séparation n'est pas simple à mettre en place, et il vaut mieux attendre d'avoir plus d'espace pour adopter une poule.

3. Garder des poules « d'intérieur »

Bien sûr, la poule n'est pas un animal domestique qui convient à tout le monde. Même les oiseaux charmants et dociles que sont les Poules soie peuvent être bruyants parfois, particulièrement lorsqu'ils sont effrayés. Si vous vivez en appartement, il vaut mieux prendre une femelle, car le coq finit toujours par chanter – et en général précisément au moment où vous ne voulez pas qu'il le fasse. De plus, toutes les volailles, quel que soit l'endroit où on les garde, sont salissantes.

Il faudra souvent nettoyer la cage de votre oiseau et si vous élevez la poule pour des concours, il faudra prendre des précautions pour qu'elle reste aussi propre que possible. Une fois que les plumes d'un oiseau ont été tachées, il est très difficile de les nettoyer, en particulier si votre oiseau est blanc.

Il est important de vous assurer que vous avez le droit de garder une poule comme animal de compagnie dans votre localité. Il vous faudra vous renseigner à la mairie, en particulier si vous souhaitez avoir un coq, et éventuellement consulter le règlement de votre lotissement, si vous vivez en lotissement.

Si vous possédez d'autres animaux domestiques dans la maison, soyez réalistes sur les relations qu'ils peuvent entretenir. La cause de mortalité la plus fréquente chez les poules d'intérieur est l'attaque par un autre animal domestique, en général un chien ou un chat.

La cage de la poule

La plus petite cage que vous pouvez utiliser pour une Poule soie fait 0,2 m². La poule doit être autorisée à sortir pendant la journée. Attention, pour la litière de la cage, vous ne pouvez PAS utiliser la sciure de cèdre que l'on trouve en animalerie. Elle est TOXIQUE pour les poules.

La mangeoire et l'abreuvoir de la poule devront être fixés sur une paroi de la cage, car les poules aiment gratter et contaminent facilement leurs propres bols avec leurs déjections et autres saletés. Soyez préparés au bazar que fera la poule lorsqu'elle grattera la litière qui tombera hors de la cage.

Les poules aiment avoir un nichoir, mais elles dorment sur des perchoirs. Assurez-vous que la cage soit assez grande pour positionner une barre à mi-hauteur et faites attention à ne pas poser l'eau ou la nourriture sous ce perchoir.

Les Poules soie sont un choix idéal pour des poules d'intérieur, car elles sont beaucoup plus silencieuses que les autres races et elles sont connues pour être calmes et amicales. Les poules crient lorsqu'elles pondent des œufs, mais les Poules soie ne sont pas de bonnes pondeuses et elles produisent rarement plus de 3 œufs par semaine.

Combien de Poules soie dans la maison ?

Pour le bien-être de vos poules, vous devez évaluer l'espace disponible de façon réaliste. La surpopulation est l'une des principales causes de mortalité dans les poulaillers.

Les Poules soie qui vivent à l'intérieur de la maison ne seront pas plus heureuses si elles doivent passer la journée dans une petite cage et qu'on ne leur donne pas assez de temps et d'espace pour courir et se comporter comme des poules.

Si l'on tient compte de ces considérations, et du fait que les Poules soie adorent la compagnie des humains, ce n'est pas cruel de garder une seule Poule soie dans la maison. Pour la plupart des maisons, la limite est de deux poules. Si vous êtes souvent absent de la maison, essayez de garder deux Poules soie dans la maison, car elles ont besoin de compagnie.

Nourriture et eau

De l'eau fraîche doit être disponible en permanence. Les poules sont omnivores, elles mangent de tout, y compris ce qu'elles trouvent sur la table. Quand elles sont autorisées à gratter dans le jardin, aucun insecte n'est à l'abri. Achetez de petits sachets de criquets que les animaleries vendent pour l'alimentation des lézards. Il vaudra mieux leur en donner un à la fois plutôt que de lâcher tous les insectes dans la maison.

Une fois que votre poule aura appris à reconnaître le sachet de criquets, il n'y aura plus aucun problème d'insecte se baladant dans la maison. De nombreux propriétaires de poules disent qu'offrir les criquets est l'un de leurs « jeux » favoris, parce que c'est très amusant de voir la vitesse et la précision avec laquelle la poule poursuit son petit morceau de nourriture bondissant.

Vous donnerez principalement des granules nutritives ou des tourteaux enrichis de graines. (Pour plus d'informations à ce sujet, veuillez consulter le Chapitre 5 – Soins quotidiens des Poules soie.)

Les couches pour poules

Les couches sont nécessaires si on garde la poule dans la maison, car les poules ne peuvent pas apprendre la propreté de façon concluante. Certains prétendent toutefois qu'ils ont appris à leurs poules à utiliser des journaux étalés par terre.

En général, la queue de la poule remue juste avant qu'elle fasse ses besoins, donc des propriétaires très attentifs pourraient, en théorie, guider la poule vers l'endroit approprié à chaque fois. Mais ce processus devrait commencer très tôt dans la vie de la poule, et prendrait beaucoup de temps. Certains propriétaires de Poules soie disent sur internet qu'ils ont réussi.

Toutefois, la majorité préfère utiliser des couches pour poules qui sont similaires à celles utilisées par les propriétaires de perroquets. Ce vêtement s'adapte au corps de la poule et récolte les déjections. De plus, elles sont souvent colorées et rigolotes.

Une Poule soie porte généralement une couche « petite ». Les poches de la couche sont doublées de vinyle et possèdent des bandes velcro ajustables. La plupart coûtent entre 18 et 25 €.

Il vous faudra plus d'une couche, puisqu'il faudra vider et laver la couche sale. Ce n'est pas comme pour les couches pour bébés qui sont jetées dès qu'elles sont souillées. La majorité des couches pour poules est bien conçue et il n'y a pas de fuites. Il existe aussi des produits spécialisés conçus pour être doublés de papier journal, de tissu, de couches pour humains ou même de protections hygiéniques.

Harnais et laisses

Les harnais pour poules sont conçus pour être passés au-dessus et autour des ailes, offrant une attache pour la laisse située au milieu du dos de l'oiseau. Certaines couches servent également de harnais.

Cela vous permet de laisser votre poule profiter de l'extérieur, gratter et picorer des insectes dans l'herbe, et prendre des bains de poussière, ce qui lui procure du plaisir et la débarrasse des parasites comme les mites.

Au début, laissez votre poule porter le harnais pendant de courtes périodes sans attacher la laisse. Ensuite, laissez la poule porter le harnais avec la laisse qui traîne au sol. Cela lui permettra de s'habituer au poids de la laisse.

Faites attention à ce que rien ne puisse gêner ou accrocher la laisse, car cela pourrait effrayer la poule et elle refusera de remettre le harnais.

Quand la poule est habituée à la laisse et au harnais, tenez-la laisse, placez vous aussi loin que possible de la poule sans tirer sur la laisse, et tendez une gâterie. Habituez la poule à marcher vers vous, en appliquant une légère pression lorsqu'elle se dirige dans la mauvaise direction.

Au bout du compte, elle comprendra le principe de la laisse et vous laissera suggérer des directions, mais pour l'essentiel, promener une poule consiste en la suivre en gardant la laisse détendue pendant que la poule explore. Le harnais et la laisse vous permettent de contrôler la situation, en empêchant la poule de s'échapper. Heureusement, les Poules soie ne savent pas voler, ce qui fait un souci en moins.

L'importance des bains de poussière pour les poules

Les poules ne prennent pas de bains dans l'eau par elles-mêmes, mais elles adorent les bains de poussière pour se nettoyer. Comme beaucoup d'animaux qui se roulent dans la terre, les poules utilisent un moyen naturel de réduire les parasites comme les mites. La poussière élimine également l'excès de graisse pouvant être présent sur les plumes.

En fonction de la saison, la poussière aide soit à rafraîchir l'oiseau, soit à le maintenir au chaud. Sans tenir compte de l'aspect pratique du bain de poussière, on peut voir que la poule s'y plaît à la manière dont elle crée un nuage de poussière autour d'elle.

Si vous ne sortez pas du tout votre poule de la maison, achetez un récipient assez grand et remplissez-le de sable sur une profondeur de 50 cm environ. Placez la poule dans le sable et préparez-vous à du bazar ! Il vaut mieux disposer une couche de papier journal autour du bac à sable pour récupérer le sable. Les Poules soie sont tellement mignonnes quand elles jettent le sable dans tous les sens, qu'il est presque impossible de ne pas aimer partager ce rituel avec elles.

Jouets pour vos poules

Comme je l'ai dit au-dessus, l'utilisation de criquets vivants en tant que jouet et en-cas nutritif est une excellente idée. Les poules sont beaucoup plus intelligentes que ce que l'on pense. Elles voient très bien et passent leur temps à chercher de la nourriture.

Certaines poules ont plus de facilités à apprendre des tours que les autres, et comme la plupart des animaux, elles doivent être motivées par des gâteries. Les jeux où elles doivent attraper et aller chercher sont les plus faciles, mais avec de la patience, de nombreux propriétaires ont réussi à apprendre à leurs oiseaux à manipuler des objets avec leur bec ou leurs pattes, et à répondre à des ordres.

(En général, les oiseaux ne sont pas doués pour le langage complexe et ils réagissent plus facilement à des signaux visuels et aux gâteries.)

Les Poules soie adorent l'attention de leurs maîtres

Une des choses que les détenteurs de Poules soie aiment par-dessus tout est que leurs poules ne se comportent pas du tout comme les autres poules. Elles trouvent agréable d'être manipulées. Elles aiment interagir avec nous. Elles sont aimantes et affectueuses et veulent faire partie de la famille. N'adoptez pas une Poule soie en pensant qu'elle va simplement rester assise dans sa cage. Ces magnifiques petits oiseaux sont de merveilleux animaux de compagnie et s'épanouissent avec de l'amour, de l'attention et des soins.

Chapitre 4 – Acheter des poussins de Poule soie

Chapitre 4 – Acheter des poussins de Poule soie ou des œufs fertilisés

Comme avec tout animal de compagnie, lorsque vient le moment d'acheter la Poule soie, il faut se poser les mêmes questions. « Où acheter les poussins ? Combien ? Faut-il acheter des œufs ou des poussins ? Si j'achète des poussins, quel est le meilleur âge ? »

Vous devez avoir réfléchi à ces questions avant de répondre à une annonce de vente de Poules soie. Commençons par la question de la quantité.

1. Combien de poules pouvez-vous garder ?

Je dois encore insister sur le fait que la surpopulation est la première cause de mort liée au stress chez les poules. Les personnes qui débutent dans l'élevage de poules sous-estiment toujours l'espace dont leurs poules auront besoin.

Si vous gardez vos poules à l'extérieur dans un poulailler (consultez le Chapitre 2 pour plus de détails concernant les enclos), l'espace minimum requis par oiseau est d'environ 0,4 m².

Les poules de compagnie qui vivent à l'intérieur ont des besoins différents. La plupart des gens, quel que soit leur amour pour les Poules soie, ne souhaitent pas avoir toute une volée de poules qui courent dans leur salon.

Si vous vivez en appartement, il vaut mieux ne pas prendre plus de deux oiseaux. Vous ne devez pas seulement considérer l'espace requis, mais aussi le règlement de votre immeuble ou de votre lotissement, et tenir compte du bien-être de vos voisins.

Les Poules soie sont beaucoup plus silencieuses que la plupart des volailles, mais il arrive qu'elles caquètent quand elles sont effrayées ou surprises. Si vous vivez en appartement, n'envisagez pas de prendre un coq.

2. Œufs fertilisés, poussins ou oiseaux adultes

Pour mieux comprendre le processus d'incubation et les couvées de poussins, voyez le Chapitre 7 concernant l'élevage.

La chose la plus importante à réaliser est que si vous commencez avec des œufs, il vous faudra un incubateur, et les poussins mettront 19 à 21 jours à éclore.

Vingt-quatre heures après l'éclosion, les poussins devront être transférés vers une éleveuse, où ils resteront pendant au moins un mois, ou jusqu'à ce que leurs ailes adultes soient sorties et qu'ils puissent réguler leur température corporelle. L'éleveuse sera également nécessaire si vous achetez des poussins localement ou sur internet. (Le Chapitre 7 détaille également ce qu'il faut pour élever les poussins.)

Si vous avez la possibilité d'obtenir une jeune poule, vous n'aurez pas besoin de travailler avec l'incubateur et l'éleveuse. Les Poules soie sont si affectueuses que vous arriverez à créer une relation avec elles, quel que soit leur âge. Assurez-vous toutefois d'avoir tout ce qu'il vous faut pour bien l'accueillir avant d'aller la chercher.

Si vous vivez dans une région où vous avez accès à des fermes et des éleveurs de Poules soie, vous devriez pouvoir trouver des Poules soie de compagnie pour 15 à 50 €. Les poules destinées aux concours sont plus chères et les prix sont très variables.

Le Poule Soie Club de France pourra sans doute vous renseigner sur les éleveurs de votre région. Cherchez sur leur forum sur internet (poulesoieclub.com). Vous pouvez également consulter la carte interactive créée par un passionné (http://www.mappemonde.net/carte/La-negre-soie/europe.html).

3. Acheter des poussins en ligne

Lorsque vous achetez des Poules soie par internet, l'élevage vous fournit une liste des poules soie disponibles avec la couleur et la présence ou non de barbe. Vous pourrez trouver des termes dans la liste tels que « Poule soie bleue. Poule qualité jardin ». Il devrait y avoir une photo de l'oiseau pour vous donner une idée de la qualité des poules proposées par l'éleveur en question.

Vous verrez des listes spécifiant la couleur, le sexe, l'âge et la qualité : Poules soie noires, Poule soie coucou – coq, Nègre-soies naines, Poussins Poules soie et autres expressions de ce style.

Vous trouverez généralement les conditions générales de vente dans le bandeau inférieur du site internet. Par exemple : « Minimum de 5 oiseaux par type de race et par couleur. Livraison des poussins à partir d'un jour après l'éclosion. Les colis arrivent à votre bureau de poste en 2 ou 3 jours. »

(Notez que de nombreux éleveurs ne postent pas de poussins de moins de 4 mois, et n'envoient pas les oiseaux par la poste au cours de l'été quand il fait trop chaud.)

Parfois les poussins sont envoyés en groupes et les sexes ne sont pas différenciés. Ne croyez pas un éleveur qui vous garantit le sexe pour des Poules soie de moins de 6 mois. Il est impossible de connaître le sexe de ces poules avant l'âge de 6 à 8 mois, voire plus.

Tout éleveur prétendant d'envoyer spécifiquement des femelles devrait aussi prévoir une politique de remplacement des coqs. En général, cela se présente sous la forme suivante : « Nous proposons un service de remplacement des coqs par des poules sans frais de livraison supplémentaires. Cette garantie expire 6 mois après la date d'achat. Les poussins de remplacement auront le même âge ou seront plus jeunes que les poussins de la commande d'origine, et ils peuvent ou non être de la même couleur, en fonction des stocks disponibles. »

Un prix typique pour des poussins Poule soie est d'environ 5 € par poussin. Souvent, plus la commande est grande, plus les prix sont bas.

Lorsque vous achetez des poussins sur internet, ils sont livrés dans des colis par transporteur. En général, les colis contiennent 1 à 6 poussins, mais peu d'éleveurs de qualité livrent un poussin tout seul, en particulier pour une race aussi sociable que la poule soie.

Si les poussins sont livrés chez vous, il faut absolument que quelqu'un soit présent au moment de la livraison pour enlever les poussins du carton et pour s'en occuper le plus rapidement possible.

4. Comment savoir si les poussins sont en bonne santé

Lorsque vous achetez les poussins en personne, assurez-vous qu'ils aient l'air en bonne santé, avec des yeux vifs et l'air alerte. Soulevez doucement le poussin et examinez son derrière, qui devrait être cotonneux et propre. Si vous voyez que c'est sale et mouillé, n'achetez pas le poussin. Il peut avoir été gardé dans un environnement humide et il est peut-être malade ou bien il n'a pas été nourri comme il faut et souffre de problèmes gastriques. Même si un autre poussin du même groupe a l'air en bonne santé, méfiez-vous. Les maladies des poussins sont fortement contagieuses et généralement mortelles.

Ne sélectionnez pas un oiseau qui garde les plumes ébouriffées ou qui tient les ailes ouvertes. Cela peut être le signe d'une carence nutritive. Lorsque les poussins n'obtiennent pas suffisamment de protéines dans leur alimentation, ils sont mous et leurs plumes sortent lentement. Toute trace de sang dans les fientes est un signe de coccidiose.

5. Précautions avec les poussins de grandes écloseries

Les Poules soie vendues par les écloseries sont généralement de moins bonne qualité, et elles sont plus susceptibles d'avoir les pattes mal formées. C'est une conséquence de la mauvaise gestion des volailles. Seuls les poussins qui sont en parfait état de santé et qui reçoivent une alimentation correcte produiront des œufs de bonne qualité. Si vous cherchez une poule pour les concours, il vaut mieux l'acheter chez un éleveur.

Si la consanguinité est courante chez les oiseaux de concours, il est plus facile d'évaluer la qualité des poules d'un éleveur à partir de leurs prestations en concours et de leur apparence physique. La plupart des éleveurs vendront les Poules soie destinées à être des oiseaux de compagnie (ce qu'ils appellent « de qualité jardin ») pour un prix réduit, car ils aiment les poules et veulent qu'elles trouvent un bon foyer. Si vous voulez un oiseau de qualité concours, vous devrez peut-être attendre 4 à 6 mois avant que l'éleveur propose les poussins à la vente.

Chapitre 5 – Soins quotidiens des Poules soie

Les soins quotidiens de la Poule soie consistent à fournir de la nourriture et de l'eau et à s'assurer que les poules vivent dans un environnement bien tenu. Le toilettage pourra comprendre le dépoussiérage des plumes pour enlever les parasites, le bain, ou même le fait de raccourcir les ongles et le bec.

Ce qui est merveilleux avec les Poules soie, c'est qu'elles coopèrent quasiment pour tout ce que vous voudrez faire pour ou avec elles. Ce sont des animaux fabuleusement dociles qui aiment l'interaction avec vous. Certaines Poules soie aiment tellement être baignées, qu'elles s'endorment pendant que vous lui donnez le bain !

1. La nourriture et l'eau, disponibilité et récipients

La nourriture et l'eau doivent toujours être disponibles pour vos poules.

Une mangeoire typique possède un récipient pour les mélanges de nourriture au centre d'un plat possédant des compartiments séparés par lesquels les graines s'écoulent. Le couvercle peut se dévisser pour remplir le récipient. Attendez-vous à un prix situé entre 8 et 25 € selon les modèles. Ils existent en plastique ou en métal.

Le même système est utilisé pour les abreuvoirs, que l'on trouve dans la même fourchette de prix. Certains utilisent des abreuvoirs à pipette comme ceux que l'on trouve pour les lapins ou les cochons d'Inde. Les poules ont besoin d'eau propre et fraîche tout au long de la journée, donc prenez quelque chose que votre poule utilisera et que vous pourrez facilement remplir.

Lorsque vous posez les récipients dans le poulailler ou dans la cour, élevez-les à la hauteur du dos de vos poules pour éviter qu'elles fassent tomber des déjections ou de la litière dedans en grattant. Les poules sont des omnivores et passent leur journée à gratter et à picorer à la recherche de nourriture. Leur mangeoire devrait toujours être remplie et de l'eau propre et fraîche doit être disponible à tout moment.

La contamination de la nourriture et de l'eau est moins problématique pour les poules d'intérieur. Assurez-vous simplement que votre poule a accès à la nourriture et à l'eau tout au long de la journée.

Entreposez la nourriture pour les poules dans des récipients en métal pour qu'elle ne prenne pas l'humidité et n'attire pas les rongeurs et les insectes. Jetez toute nourriture qui vous semble moisie ou dans laquelle il a l'air d'y avoir des parasites.

2. Types de nourriture pour vos poules

Le choix de la nourriture pour votre Poule soie va dépendre de l'âge de votre oiseau.

Si vous avez des poussins qui n'ont PAS été vaccinés contre la coccidiose (voir le Chapitre 6 – Généralités sur la santé des Poules soie) vous pourrez choisir une alimentation pour poussins avec un traitement médicamenteux inclus.

Si vos poussins ONT été vaccinés, il vous faut une nourriture sans traitement. *Ceci est très important*. Si vous utilisez une nourriture avec traitement pour des poussins qui ont été vaccinés contre la coccidiose, la nourriture va annuler l'effet du vaccin.

Alimentation de démarrage

La nourriture de démarrage doit être composée à 18 à 20 % de protéines. Il existe de nombreux aliments pour poussins sur le marché, à des prix souvent inférieurs à 25 € pour des sacs de 25 kg.

Alimentation de croissance et de finition

Au bout de 18 semaines, passez à une alimentation de croissance et finition. Recherchez des aliments à base de céréales et de plantes et sans protéines animales ou graisses. Vous pourrez trouver la nourriture sous la forme de granules ou en miettes. Parce que les Poules soie sont de petites poules, elles ont plus de facilités avec les aliments en miettes. Maintenez ce régime jusqu'à la semaine 22 de la vie de la poule.

Alimentation pour adultes

Les poules adultes ont besoin de 16 à 18 % de protéines. Même si les Poules soie ne sont pas de bonnes pondeuses, car elles ne produisent qu'environ 3 œufs par semaine, c'est très bien de les nourrir avec un mélange pour pondeuses.

Note : Si vos poules n'apprécient pas le mélange que vous leur avez acheté, essayez-en un autre. Il en existe beaucoup de sortes. Faites simplement attention à ce qu'il corresponde à leur âge et au pourcentage de protéines qu'il contient.

Grit

En outre, vos oiseaux auront besoin de grit, qui est un mélange de cailloux calcaires et de granite. Cela les aide à digérer leur nourriture. Vérifiez les étiquettes, car les mélanges alimentaires commerciaux contiennent parfois déjà le grit. Si vos poules sont en parcours extérieur, elles ramasseront elles-mêmes des cailloux.

Faites attention à ce que leur torse ne soit pas trop gonflé, ce qui pourrait être le signe que leur jabot est bloqué. (Le jabot est la poche musculaire près de l'œsophage où le grit est entreposé pour ramollir la nourriture avant qu'elle ne passe dans l'estomac et le système digestif.)

Gâteries pour vos Poules soie

Ce qui est pratique avec les Poules soie, c'est qu'elles mangent à peu près n'importe quoi, donc c'est très facile d'agrémenter leurs repas avec des gâteries qui viennent de votre propre cuisine. Voici quelques exemples que les poules apprécient particulièrement :

— Les bananes (pelées) sont une excellente source de potassium.
— Les baies de toutes sortes. (Si vous donnez des fraises à vos poules, lavez-les, car c'est un fruit fortement traité.)
— Les raisins sont amusants, car les poules les aiment et ont en outre tendance à jouer avec.
— La laitue et le chou frisé sont très bons, mais évitez la laitue iceberg, car ses valeurs nutritives sont faibles.
— Les melons, citrouilles et potirons avec leurs pépins (les poules les aiment).
— Les poules adorent les pâtes cuites.
— Le gruau cuit.
— Du popcorn éclaté sans beurre ni sel.
— Les graines de tournesol.
— Le yaourt nature.

Donnez du pain avec modération. Les poules n'ont pas besoin de beaucoup d'amidon, mais s'il vous reste quelques croûtes ou un vieux morceau rassis, vous pouvez leur en donner.

Vous pouvez également acheter des criquets et des vers de farine vivants en animalerie et observer ce que vos poules font le mieux : chercher des insectes !

Nettoyez rapidement après avoir donné une gâterie à manger à vos poules, car il ne faut pas laisser de nourriture en décomposition dans l'enclos.

Note sur l'alimentation : Les graines que vous achetez ne doivent surtout pas avoir été mal stockées, car cela favorise la présence de mycotoxines et d'aflatoxines, qui sont très néfastes pour les poules. L'alimentation commerciale contient généralement des additifs inhibiteurs de ces champignons, mais il est important de vérifier les étiquettes. Certains propriétaires de Poules soie écrasent leurs propres grains pour nourrir les poules. Si c'est le cas, il est recommandé d'acheter des produits inhibiteurs de moisissures pour les ajouter aux mélanges de grains.

3. Nettoyer l'enclos

Il n'y a pas de meilleure précaution pour la santé de votre poule que le nettoyage régulier de l'enclos et du poulailler. Les Poules soie sont particulièrement vulnérables à des problèmes aux pattes, car les parasites adorent creuser dans leurs jambes et leurs orteils emplumés. Ne laissez pas de saleté ou de litière souillée s'accumuler sur le sol de l'enclos. Cela leur fera des croûtes sous les ongles et formera un terrain favorable aux organismes microscopiques et aux maladies qu'ils occasionnent.

L'enclos des poules doit être bien aéré, sans endroits où l'humidité peut s'installer. Enlevez quotidiennement la litière souillée et les déjections, et assurez-vous que les poules puissent se percher pour la nuit. Traitez les enclos extérieurs une fois par mois contre les parasites tels que les mites et les poux. Choisissez soit de la terre de diatomée, qui n'est pas toxique, soit une poudre insecticide agricole comme Saniterpen par exemple.

4. Soins saisonniers

Les Poules soie s'adaptent remarquablement bien au froid, mais elles souffrent beaucoup de la chaleur. Si vous vivez dans une région où les températures estivales montent souvent jusqu'à 32 °C ou plus, assurez-vous que vos oiseaux disposent de beaucoup d'eau propre et fraîche et ajoutez peut-être un ventilateur et un brumisateur à votre enclos. Certains éleveurs mettent l'air conditionné dans les poulaillers de poules de concours.

Bien sûr, le problème ne se pose pas pour les poules de maison, mais soyez vigilants, car tous les oiseaux sont vulnérables aux maladies respiratoires et ils ne doivent pas rester dans des courants d'air.

5. Surveiller la santé de votre poule

L'un des avantages majeurs concernant la surveillance de la santé des Poules soie est que cela ne les dérange pas d'être manipulées. En touchant et en interagissant avec vos poules de manière quotidienne, vous aurez de meilleures chances de vous apercevoir rapidement d'un éventuel problème de santé.

Vous aurez toujours un problème accru de mites et de parasites au cours des mois d'été. Les oiseaux qui peuvent prendre des bains de poussière, ou bien ceux qui sont lavés régulièrement ne devraient pas être infestés de parasites, mais il vaut mieux malgré tout traiter les enclos et le poulailler avec de la terre de diatomée ou avec une poudre insecticide au printemps et durant l'été.

C'est également à cette période de l'année qu'il faudra être particulièrement vigilant en examinant les pattes de vos poules à la recherche de signes de la présence de gale des pattes. Il s'agit d'acariens qui peuvent causer des irritations, des gonflements et des saignements des pattes. (Voir le Chapitre 6 pour une description complète du problème.)

Observez le comportement de votre oiseau. Tout signe de léthargie, d'appétit diminué, de pertes inexpliquées des plumes ou de mucus autour des yeux ou du nez doit être évalué immédiatement. Éloignez bien les récipients d'eau et de nourriture des déjections, et nettoyez quotidiennement l'enclos et le poulailler. Ne laissez pas l'humidité s'installer, car c'est ainsi que de nombreux organismes dangereux se développent.

Tout signe de sang dans les fientes est un symptôme de maladie, probablement de coccidiose, qui peut être fatale en l'espace de six jours. (Voir le Chapitre 6 pour des détails concernant cette maladie et d'autres maladies courantes chez les poules.)

6. Entretien et toilettage

Les principaux soins que vous devrez apporter à vos poules seront de réduire le bec et de couper les ongles. Cette dernière action est particulièrement importante chez les Poules soie, qui possèdent un cinquième orteil. Il n'est pas nécessaire de faire prendre des bains aux poules de compagnie, mais c'est essentiel pour les poules de concours. Vous devrez probablement aussi vous occuper de la huppe, soit la rendre parfaite pour les concours, soit la raccourcir si la poule ne voit pas où elle marche !

Limer le bec de votre poule

Les poules qui ont accès au jardin frottent leur bec contre des pierres et des surfaces dures pour le garder court et en bonne forme. Les poules d'intérieur auront peut-être besoin de vous pour cela.

Dans la plupart des cas, une lime à ongles de bonne qualité ou bien une petite lime fine suffisent pour raccourcir et reformer le bec. Attention à ne pas trop limer, toutefois, car le bec est parcouru de vaisseaux sanguins et peut saigner.

S'il vous est arrivé de couper les griffes d'un chien ou d'un chat et que vous avez par mégarde touché la chair, vous savez que cela fait souffrir l'animal et que ça saigne abondamment. Pour cette raison, de nombreux propriétaires de poules d'intérieur préfèrent laisser le vétérinaire s'occuper du bec.

Couper les ongles de votre poule

Les Poules soie sont uniques parmi les volailles, non seulement à cause de leurs plumes duveteuses, mais aussi à cause de leur cinquième orteil, qui touche rarement le sol. Les poules qui grattent dehors s'occupent elles-mêmes de leurs ongles, mais même les Poules soie de jardin peuvent avoir besoin qu'on leur coupe l'ongle du cinquième orteil. Si cet ongle devient trop long, l'oiseau ne pourra plus marcher comme il faut. Si vous avez un coq, ses éperons devront être raccourcis également.

Comme pour tout animal pourvu de griffes, l'ongle de la poule renferme une « pulpe » avec des vaisseaux sanguins. Ne coupez jamais dans cette pulpe. Utilisez des coupe-ongles prévus pour les chiens, ou un coupe-ongles très solide prévu pour les humains. Si vous n'arrivez pas à voir la pulpe par transparence dans des ongles plus foncés, placez une torche contre l'ongle. Coupez toujours le moins possible.

Si vous avez peur de couper la pulpe, raccourcissez un tout petit peu les ongles tous les quinze jours. Les Poules soie sont des oiseaux très dociles. Elles aiment qu'on les manipule et s'habituent vite à tout cela.

Donner le bain à votre poule

Les Poules soie sont très coopératives lorsque vous les mettez dans l'eau. C'est nécessaire pour les poules de concours, mais cela peut être agréable pour les poules de compagnie également. Le bain permettra également d'éliminer les mites tout en adoucissant la peau.

Pour donner le bain à votre poule, il vous faudra deux bassines d'eau suffisamment profondes pour y plonger l'oiseau jusqu'au cou.

L'eau devrait être agréablement tiède, pas trop chaude.

Utilisez un shampoing doux. Vous pouvez utiliser un shampoing prévu pour les chats ou les chiens, ou bien un shampoing qui ne fait pas mal aux yeux. En outre, ayez un peu de vinaigre blanc sous la main.

Préparez une ou deux serviettes, un sèche-cheveux, une brosse à dents douce et de la vaseline non parfumée.

Ajoutez une petite quantité de shampoing dans la première bassine et mélangez jusqu'à la formation de mousse. Placez doucement votre poule dans la bassine et massez les plumes pour faire pénétrer l'eau tiède et mousseuse, en travaillant dans le sens de la pousse des plumes. Insistez sur la zone située sous les ailes et autour du cloaque.

Utilisez la brosse à dents pour frotter doucement les tarses et sous les ongles.

La deuxième bassine doit être remplie d'eau propre et tiède. Ajoutez un peu de vinaigre, qui élimine les résidus et l'huile des plumes.

Placez doucement la poule dans la bassine et versez-lui de l'eau dessus, en évitant la tête, jusqu'à ce que toutes les traces de shampoing ont disparu. Si nécessaire, changez l'eau. Prenez garde à ce que la poule ne prenne pas froid.

Quand les plumes de la poule ont été bien rincées, enveloppez-la dans une serviette et tamponnez les plumes pour enlever autant d'eau que possible. Arrivée à ce stade, la poule pourrait bien être tellement relaxée qu'elle est sur le point de s'endormir !

Quand la poule a été séchée autant que possible à la serviette, utilisez le sèche-cheveux à faible puissance pour finir de sécher les plumes et pour les faire gonfler. Vous serez surpris de voir que les Poules soie ne sont absolument pas gênées par le bruit du sèche-cheveux et qu'elles apprécient l'air chaud et vos caresses.

Lorsque l'oiseau est entièrement sec, couvrez légèrement les pattes et les ongles de vaseline pour hydrater et pour protéger les parasites comme ceux qui causent la gale des pattes.

Le toilettage des poules de concours peut être encore plus approfondi, et peut impliquer le fait de garder la huppe en arrière avec de la bande adhésive de coiffeur. Mais toutes les poules peuvent bénéficier d'un bain et auront plaisir à recevoir l'attention d'une journée au « spa ».

Soigner la huppe de votre Poule soie

Comme je l'ai mentionné précédemment, les personnes qui font participer leurs Poules soie à des concours fixent souvent la huppe en arrière pour éviter que les plumes soient tachées. Une fois que les plumes blanches sont décolorées, il est très difficile de les rendre blanches à nouveau. Au-delà de ce problème, la vue de votre poule pourrait bien être gênée par sa huppe ! Si c'est le cas, tenez la poule sur vos genoux et coupez doucement les plumes de la huppe. Vous ne ferez pas mal à votre oiseau en lui coupant des plumes.

7. Gérer le stress de l'environnement

Souvent, lorsque les poules tombent malades, c'est qu'elles réagissent au stress de leur environnement. Les signes de stress sont l'arrachage des plumes, le picage de l'anus et le fait de manger les œufs. Pour la plupart des races, trop de manipulation de la poule est un facteur de stress majeur. Heureusement, ce n'est PAS le cas pour les Poules soie. Ces poules sont les plus sympathiques de toutes les races et s'épanouissent grâce à l'interaction avec les humains. Elles sont loyales et affectueuses au point de suivre leurs propriétaires pour voir ce qu'ils font. Les Poules soie sont plutôt stressées par les éléments suivants :

— L'introduction soudaine de nouvelles poules dans leur environnement.
— Manque d'eau ou de nourriture.
— Chaleur extrême.
— La ponte.
— La présence d'autres animaux qui les harcèlent.
— La surpopulation.

Les oiseaux qui ont une quantité d'espace suffisante, qui disposent d'une alimentation équilibrée et qui vivent dans des poulaillers propres et bien entretenus sont heureux et pas stressés. En règle générale, introduisez doucement toute nouvelle expérience, pour que votre poule ait le temps de s'y habituer. Apprenez à connaître la personnalité de votre oiseau et ne dépassez pas son niveau de tolérance pour les bruits, les mouvements brusques, ou la présence d'autres animaux.

Les Poules soie sont des animaux dociles et coopératifs, ce sont de merveilleux animaux de compagnie tant que vous restez sensible aux besoins de votre poule. L'oiseau ne sait pas parler, mais s'il commence à devenir agité, le message est clair : quelque chose stresse l'animal. Si vous ne réglez pas le problème, de forts niveaux de stress peuvent causer la mort de la poule. Soyez donc attentif aux réactions de votre oiseau par rapport au monde qui l'entoure et agissez en conséquence.

8. Dépenses mensuelles approximatives

Après l'investissement initial pour l'enclos et le poulailler, les dépenses pour vos poules ne sont pas très élevées. Même les sacs de grains et de nourriture pesant jusqu'à 25 kg pèsent moins de 25 €.

— Un sac de 25 kg de Gra-Mix Poules et faisans de Versele-Laga coûte 18 € environ.
— Un sac de 25 kg de Show 2 Growth chez le même fabricant coûte environ 24 €. Il s'agit d'un mélange de croissance pour volailles d'ornement.
— Chez Gamm Vert, vous pouvez trouver des sacs de 25 kg pour poules adultes de la marque de l'enseigne pour une vingtaine d'euros.

Si vous n'avez que 3 ou 4 poules et qu'ils sont bien stockés, ces produits peuvent suffire pour 3 à 4 mois. Comme les poules sont omnivores, leur régime peut être complété par des restes et elles mangeront également des insectes.

Les dépenses que vous n'aurez à faire qu'une seule fois peuvent inclure :

— Une couche pour les poules de maison 18 à 25 €
— Un harnais et une laisse 10 à 15 €

Les Poules soie peuvent facilement être transportées dans le même type de panier que ceux qui sont utilisés pour les chiens ou les chats, qui coûtent en moyenne 8 à 20 €.

Les poulaillers et les enclos peuvent varier de 150 à 1500 € selon leur taille et leur complexité. Les mangeoires et les abreuvoirs coûteront environ 15 € chacun.

Sans compter la dépense pour l'enclos de départ, l'équipement initial coûte à peu près entre 90 et 120 €.

Chapitre 6 – Généralités sur la santé des Poules soie

Plus vous connaissez votre Poule soie et sa personnalité, plus il vous sera facile de surveiller sa santé et de détecter des maladies potentielles.

1. Signes avant-coureurs de maladies

Observez les yeux de vos poules. Ne regardez pas seulement s'ils coulent ou non, mais regardez aussi s'ils ont bien l'air vif et curieux caractéristique des Poules soie. Lorsque les yeux d'une poule sont ternes et sans vie, et que l'animal ne semble pas alerte ou intéressé par ce qui l'entoure, quelque chose ne va probablement pas. Les autres facteurs à prendre en compte sont :

— La condition des plumes, en particulier celles de la queue. Si les plumes de la queue pendent, c'est un signal alarmant.

— L'appétit et la soif. L'oiseau mange et boit-il normalement ?

— La queue monte et descend-elle quand l'animal respire ? Si c'est le cas, il a des problèmes respiratoires.

— Quelle est la couleur de la crête et des barbillons ? Sont-ils pâles ou tachés de rouge ?

— Y a-t-il des grosseurs ou des anormalités physiques sur le corps ? Si c'est le cas sur le torse, le jabot pourrait être obstrué.

— Les yeux ou le nez coulent-ils ?

— L'oiseau se pique-t-il lui-même ou arrache-t-il ses propres plumes ?

— L'oiseau fait-il sa mue au mauvais moment de l'année ?

— La poule se fait-elle piquer par d'autres oiseaux ? Une poule malade peut être piquée jusqu'à la mort par ses congénères.

Tout changement de comportement, d'attitude ou d'appétit est alarmant et devrait être évalué.

Des livres entiers ont été écrits sur les maladies courantes chez les volailles. Les maladies que vos Poules soie sont le plus susceptibles de rencontrer sont la coccidiose, les infestations de mites et de poux, la gale des pattes, la maladie de Marek, l'hydrocéphalie, la mycoplasmose et les salmonelloses.

2. La coccidiose

La coccidiose est la plus courante et la plus coûteuse de toutes les maladies affectant les poules. Dans de grands élevages de volailles, environ 10 à 20 oiseaux sur 100 seront affectés par ces protozoaires, de microscopiques parasites présents dans les fientes des oiseaux. Parce que les oiseaux en grattant envoient de la litière et des fientes partout, elles peuvent contaminer leur eau et leur nourriture. Lorsqu'une poule avale des déjections, les coccidies envahissent les intestins et commencent à pousser.

L'infection peut avoir lieu à tout âge, mais les poussins de 4 à 8 semaines courent un risque plus grand, ce qui explique que de nombreux éclosoirs et éleveurs vaccinent leurs poules ou utilisent des médicaments mélangés à l'alimentation. (Vous ne pouvez pas faire les deux à la fois. Si vos poussins ont été vaccinés, la nourriture traitée annulera l'effet de la vaccination.)

La coccidiose dure 6 jours, mais il n'y a pas de symptômes visibles avant le troisième ou quatrième jour lorsque l'oiseau devient apathique, arrête de se nourrir, et commence à gonfler ses plumes sans raison apparente. La plus forte mortalité a lieu au cinquième jour, quand du sang apparaît dans les fientes et que l'oiseau est physiquement en détresse. Si le poussin survit jusqu'au sixième jour, il est probable qu'il survive à la coccidiose.

Outre la vaccination des jeunes oiseaux ou l'utilisation de nourriture traitée, il est essentiel que la nourriture et l'eau ne soient pas souillées par les fientes. Ne surpeuplez pas l'enclos, qui devrait être bien entretenu avec de la litière propre et une bonne aération.

3. Les mites et les poux

Les poules, comme tous les oiseaux, sont vulnérables aux infestations de mites et de poux, en particulier si elles sont logées dehors. Tous les quinze jours, regardez sous les ailes et autour du cloaque à la recherche d'œufs de parasites fixés à la base des plumes. Si les poules sont infestées de poux rouges, qui sont nocturnes, les oiseaux taperont des pattes sur leurs perchoirs en réaction à l'irritation. Si la peau de la face, de la crête et des barbillons pèle, cela indique la présence de la mite nordique de volaille.

Lorsqu'il y a des mites ou des poux, le poulailler doit être soigneusement nettoyé et traité à la poudre insecticide. Les oiseaux doivent également être traités, avec un second traitement administré 10 jours après. Examinez bien le contenu de l'insecticide que vous allez utiliser. Le plus courant est l'insecticide à base de pyrèthre végétal.

Il existe également l'option d'utiliser une poudre anti-puces pour chiens ou chats, qui contiendra de la perméthrine, mais c'est une toxine potentielle, qui peut passer dans les œufs. Les effets négatifs liés à l'utilisation de poudres anti-puce commerciales avec les chats et les chiens font que de nombreux propriétaires de poules sont réticents à s'en servir.

Un traitement de choix, même s'il agit plus lentement que les agents chimiques, est la terre de diatomée, une fine poudre de granite qui entaille l'exosquelette des parasites et les tue. Elle est particulièrement sûre pour les oiseaux et n'est pas toxique. On en trouve deux sortes dans le commerce : veillez à ne pas prendre celle qui sert pour la filtration (silice cristallisée), car elle est irritante.

4. La gale des pattes

La gale des pattes est causée par une mite microscopique (*Cnemidocoptes mutans*) qui est courante chez les Poules soie à cause de leurs pattes emplumées. Le parasite creuse sous les écailles de la patte, ce qui les soulève. Les cellules de peau et les excréments de la mite créent une croûte blanche irritante qui ressemble à du sel. Les pattes saignent et semblent gonflées, gênant l'oiseau et l'empêchant de marcher normalement. Si rien n'est fait, la circulation sanguine de la patte peut être affectée. Le pied peut alors se déformer et il est parfois nécessaire d'amputer des orteils.

Le traitement recommandé est d'utiliser de la vaseline pour adoucir la croûte. Utilisez de l'huile hydratante pour bébés pour soulager les démangeaisons. Au bout d'une semaine, placez les pattes de l'oiseau dans un bain chaud et savonneux. Un shampoing pour animaux ou tout shampoing non irritant fait l'affaire.

Utilisez une brosse à dents douce pour détacher doucement les dépôts de croûtes. Arrêtez-vous si les pattes se mettent à saigner. Après le bain, remplissez un récipient d'alcool isopropylique. Plongez chaque patte dans l'alcool pendant 30 secondes. Répétez le processus en entier une fois par semaine pendant trois semaines.

Traitez le poulailler avec une poudre antimites pour volailles et couvrez les perchoirs d'une légère couche d'huile végétale. Les mites se développent dans l'humidité. Assurez-vous que le poulailler est bien aéré et enlevez toute accumulation de litière humide, en prenant soin de ne plus la laisser s'accumuler à nouveau.

5. La maladie de Marek

La maladie de Marek est courante chez les Poules soie. Cette maladie est causée par un virus de la famille de l'herpès qui attaque les tissus lymphatiques, causant des tumeurs et des dommages nerveux périphériques. Par exemple, une des ailes et une des pattes sont paralysées et l'oiseau peut devenir aveugle. Souvent les pattes tremblent et le cou de l'oiseau peut se tordre (torticolis). D'autres symptômes sont une mue augmentée, une baisse de la production d'œufs, et un comportement désorienté.

L'infection a lieu lorsque la poule inhale des débris de plumes contenant le virus. Comme il circule dans l'air, le virus peut être disséminé sur de grandes distances à partir d'un poulailler infecté sur une propriété voisine.

Une fois que le virus est présent dans le système de l'oiseau, il s'installe très vite puis reste dormant pendant un à six mois, jusqu'à ce que des symptômes apparaissent en réponse à un facteur de stress. Les poules infectées peuvent par exemple manifester des symptômes après avoir pondu des œufs.

Les antibiotiques peuvent diminuer certains des symptômes, mais la mort est généralement l'issue de la maladie de Marek. Les oiseaux qui survivent sont porteurs du virus, qui est si contagieux qu'il est nécessaire de sacrifier les oiseaux infectés pour sauver les autres poules.

Les Poules soie devraient être vaccinées contre la maladie de Marek par injection sous-cutanée à l'âge d'un jour, puis avoir un rappel deux semaines après. Les oiseaux plus jeunes devraient être tenus éloignés des plus vieux jusqu'à l'âge de 5 mois, afin de permettre à leurs défenses naturelles de se développer. La maladie de Marek est moins courante dans les pays froids.

6. L'hydrocéphalie

Les Poules soie ont des têtes bombées qui mettent en valeur leur huppe de plumes. Chez les poussins, le crâne a l'air de posséder une bosse sur le haut de la tête, et les nouveaux propriétaires pensent souvent qu'il s'agit d'une malformation ou d'une tumeur. Cette augmentation de la cavité crânienne peut causer un excès de fluide qui exerce une pression sur le cerveau.

Les symptômes de l'hydrocéphalie sont le fait de marcher en arrière et de tomber à la renverse sans raison apparente. De nombreux oiseaux tournent en rond puis s'arrêtent brutalement.

Les oiseaux présentant ce type de comportement doivent être isolés des autres et nourris à la seringue : ils devraient recevoir une nourriture liquide de granules écrasées dans de l'eau toutes les deux à quatre heures pendant la journée. La poule aura besoin d'un antibiotique et d'anti-inflammatoires injectés par le vétérinaire.

La période de traitement peut durer jusqu'à un mois avant que le gonflement se résorbe, mais dans les cas les plus sévères, l'oiseau doit parfois être euthanasié.

7. La mycoplasmose

C'est une maladie respiratoire courante et fortement contagieuse qui nécessite des semaines de traitements antibiotiques. Elle est très difficile à éradiquer, et elle revient très souvent une fois qu'elle s'est manifestée. Les signes classiques sont des yeux gonflés, les yeux et le nez qui coulent et des éternuements.

Parce que les sinus de l'oiseau sont remplis, il devient léthargique et arrête souvent de se nourrir. La déshydratation est un risque majeur, celle-ci devient visible lorsque les barbillons sont plus pâles que d'habitude. La maladie est souvent difficile à voir avant que les oiseaux soient trop faibles pour être sauvés.

8. Prendre des précautions pour se protéger des salmonelles de volailles vivantes

Il est possible que des germes de salmonelle soient présents dans les fientes et sur les corps des poules, même quand les oiseaux sont propres et bien soignés. Les salmonelles vivent de façon naturelle dans les intestins de nombreux types de volaille et peuvent rendre les humains malades, causant des crampes intestinales, des diarrhées, des vomissements et de la fièvre. Les nourrissons, les jeunes enfants et les personnes âgées ou les personnes avec un système immunitaire fragilisé peuvent être vulnérables à une telle infection. Si les salmonelles s'étendent à la circulation sanguine, cela peut se terminer par la mort si ce n'est pas rapidement traité par des antibiotiques.

On peut être infecté par la salmonellose si on entre en contact avec les germes puis que l'on touche la zone de la bouche. Les précautions suivantes peuvent vous permettre d'éviter d'être contaminé par vos Poules soie :

— Après avoir manipulé les volailles ou tout objet se trouvant dans la zone où les poules vivent et se baladent, lavez-vous soigneusement les mains avec de l'eau et du savon. S'il n'y a pas d'eau ou de savon sur place, utilisez un gel désinfectant pour les mains de bonne qualité.

— Ne laissez pas les enfants de moins de 5 ans manipuler les volailles sans surveillance.

— Ne mangez ni ne buvez dans l'espace où les poules vivent ou déambulent.

— Si vous ramassez les œufs de vos poules, cuisez-les bien. Les salmonelles peuvent être transmises par la poule dans l'œuf.

— N'autorisez pas vos volailles à pénétrer dans des espaces où la nourriture est préparée et consommée.

Il vaut toujours mieux partir du principe que les salmonelles sont présentes plutôt que d'ignorer le risque. La meilleure protection contre la contamination accidentelle est de régulièrement nettoyer avec soin l'enclos des poules et tout l'équipement utilisé pour le poulailler.

9. Trouver un vétérinaire pour la volaille

Dans les zones rurales, il n'est pas difficile de trouver un vétérinaire qui vous renseignera sur la surveillance de la santé de vos poules et sur la manière de traiter les problèmes. De nombreux propriétaires de poules apprennent par eux-mêmes à reconnaître et à traiter les maladies des volailles, car de nombreux remèdes sont connus et présentent de bons taux de réussite.

Dans les zones urbaines, où les vétérinaires sont plus habitués à soigner les chiens et les chats, il peut être plus difficile de trouver quelqu'un qui voudra s'occuper d'une poule de compagnie. Vous pouvez essayer de contacter l'association SOS Gallinacés (sosgali.org) si vous ne trouvez pas de vétérinaire dans votre région.

Comme les produits tels que les poudres anti-poux ou antimites et de nombreux antibiotiques peuvent être achetés par internet ou dans les magasins agricoles, le coût des soins de santé de vos poules ne devrait pas être trop élevé, sauf si des visites régulières chez votre vétérinaire sont requises.

Par exemple, vous trouverez 100 ml de Baycox pour environ 20 € par internet ou dans les pharmacies. Soluvert, un supplément nutritionnel contre les parasites internes de La Ferme de Beaumont, coûte environ 10 € pour 250 ml.

Chapitre 7 – Reproduction et élevage de Poules soie

Les propriétaires de Poules soie ont souvent envie d'en avoir plus, ou de faire l'expérience d'en élever une depuis sa naissance. La décision de faire se reproduire les Poules soie dépend principalement de l'espace dont vous disposez, que vous laissiez faire la poule ou bien que vous fassiez vous-même éclore des œufs fertilisés dans un incubateur. La deuxième méthode implique de devoir acheter de l'équipement et de prendre deux mois pour le soin et l'éclosion des œufs.

1. Éclosion naturelle ou incubateurs

Bien sûr les Poules soie, avec leur fabuleux instinct maternel, sont les mieux qualifiées pour élever les poussins de leur propre espèce. Si vous avez la place pour laisser une de vos propres poules élever des poussins, faites-le ! Elle adorera l'expérience, tout comme vous. Il existe cependant quelques raisons d'utiliser des œufs fertilisés que vous aurez achetés.

Si vous avez des enfants et que vous souhaitez leur montrer le cycle entier de la vie de la poule, alors le mieux est de commencer par des œufs. Si c'est le cas, vous devez savoir exactement ce que vous obtiendrez quand vous irez passer votre commande pour des œufs de Poule soie.

2. Choix de l'incubateur

Le réglage de la température est le principal facteur pour une éclosion en incubateur réussie. N'achetez pas un incubateur qui ne possède pas de ventilateur ni de thermomètre pouvant être calibré. De plus, achetez-en un facile à nettoyer. Si vous avez l'intention de faire éclore plus qu'un groupe d'œufs, l'incubateur doit être soigneusement lavé et stérilisé. Les coquilles d'œuf étant très poreuses, les œufs peuvent être rapidement contaminés.

Après la température, l'humidité est le second facteur important. L'incubateur possèdera des réservoirs d'eau qui devront être remplis et maintenus selon les recommandations du fabricant. Il est recommandé de laisser l'incubateur tourner pendant au moins une semaine avant d'y placer les œufs, afin que l'environnement interne ait le temps de se stabiliser.

Si vous avez choisi un incubateur bien conçu et si les œufs que vous avez achetés sont de très bonne qualité, attendez-vous à un taux de réussite de 50 à 85 %.

Le prix de l'incubateur

Il existe deux styles d'incubateurs : ceux à poser sur une table, ou ceux en forme de placard. La capacité peut varier de 40-60 œufs jusqu'à 120-140. En règle générale, les incubateurs en forme de placards ont la plus grande capacité.

Les petites couveuses les moins chères, pour une douzaine d'œufs environ, coûtent autour de 80 €. Cherchez-en une avec un couvercle transparent qui vous permet de surveiller les œufs. C'est l'idéal si vous l'utilisez avec des enfants qui ont envie de voir tout le processus !

Ce type de prix est un bon point de départ pour comparer avec les autres incubateurs sur le marché. Lisez tous les commentaires des clients, et assurez-vous que le produit possède tous les éléments nécessaires pour bien contrôler l'environnement interne de l'incubateur. Certains préfèrent acheter des incubateurs qui retournent automatiquement les œufs, mas soyez préparés à les payer plus cher.

3. Incubation et éclosion

À partir du moment où vous placez les œufs fertilisés dans la couveuse jusqu'à l'éclosion des poussins, il faudra 19 à 21 jours.

La température de l'incubateur devrait être réglée sur 37,5 °C à 37,7 °C pour un incubateur ventilé et 38,3 °C à 38,8 °C pour de l'air non ventilé.

Pendant les 18 premiers jours, il n'y aura pas beaucoup d'eau à ajouter, car l'humidité requise n'est que de 20 %. Le mieux est de brumiser légèrement les œufs tous les deux jours. Au dix-huitième jour, l'humidité doit être augmentée pour atteindre 65 %.

Certains incubateurs retournent automatiquement les œufs. Si ce n'est pas le cas du vôtre, vous devrez tourner les œufs à la main plusieurs fois par jour pendant les 18 premiers jours. Ensuite, les poussins se mettent en position pour sortir.

Entre le jour 19 et 21, vous entendrez les poussins faire du bruit. N'ouvrez pas l'incubateur à partir de ce moment-là, car si l'humidité diminue, les poussins peuvent rester coincés dans les coquilles.

Une fois que les poussins ont éclos, laissez-les 24 heures dans la couveuse avant de les déplacer dans une éleveuse qui protègera encore les poussins.

Une éleveuse peut être simplement un carton placé sous une lampe chauffante. Comme les poussins ne sont couverts que de duvet et n'ont pas de plumes adultes, ils ne peuvent pas réguler leur température corporelle. Ils auront besoin d'être réchauffés pendant le premier mois de leur existence pour leur permettre de survivre.

4. Élever des poussins venant d'éclore

Lorsque vous élevez des poussins à partir d'œufs fertilisés ou que vous achetez des poussins d'un jour, vous devenez une mère d'adoption.

L'éleveuse que vous installez et réglez remplit artificiellement les fonctions qu'une mère poule remplit pour :

— protéger les poussins du danger
— les garder au chaud
— les protéger contre les prédateurs
— leur apprendre à manger et à boire.

Les poussins nouvellement éclos ne peuvent pas prendre soin d'eux-mêmes. Outre les 19 à 21 jours d'incubation, il y aura un mois en éleveuse.

Les poussins doivent avoir acquis leurs plumes avant de pouvoir sortir avec les autres poules ou dans leur propre enclos.

Coût d'une éleveuse

Parce qu'une éleveuse peut être « faite maison », les prix varient fortement. Vous pourrez n'avoir à dépenser que 20 € pour une lampe et une ampoule d'élevage de 250watt. Cela ne veut pas dire que vous ne pouvez pas acheter des kits d'éleveuse complets.

Afin de donner une idée des prix, vous trouverez un kit de démarrage pour poussins contenant un bac de démarrage, une éleveuse, une ampoule 100W pour l'éleveuse, un abreuvoir de 1,5 L et une mangeoire chez Ducatillon pour 54,90 € et sur le site de La Ferme de Beaumont pour 59,90 €.

Installer l'éleveuse

Une éleveuse n'a pas besoin d'être un objet compliqué acheté en magasin. Vous pouvez utiliser une caisse solide ou même un coin inutilisé du cellier. La zone doit être bien aérée, mais il ne faut pas que les poussins soient soumis à des courants d'air au niveau du sol.

Il faut chercher l'équilibre parfait entre la circulation de l'air éloignant l'humidité et la chaleur adéquate. Si nécessaire, des abris contre les courants d'air peuvent être utilisés au niveau du sol. Vous pouvez vous servir de simples morceaux de carton pour cela.

Inclure une source de chaleur

Comme source de chaleur, suspendez une résistance de chauffage électrique ou une lampe chauffante. Dans l'idéal, vous pourrez régler la puissance du chauffage vers le haut et le bas. Si vous choisissez une lampe chauffante, utilisez-en deux au cas où l'une d'entre elles grille. Certains utilisent des lampes infrarouges au lieu de lampes transparentes, mais les deux ont l'air de fonctionner aussi bien. Faites attention à ce que votre lampe ne soit pas proche de quelque chose qui pourrait prendre feu et qu'il n'y a pas de risque que le fil ou la prise électrique soient en contact avec de l'eau.

Protéger les poussins des prédateurs et des manipulations excessives

À ce stade de la vie des poussins, les rats peuvent être un véritable danger, donc si vous placez l'éleveuse dans un cellier, assurez-vous qu'il n'y a pas de rongeurs et que les serpents ne peuvent pas entrer non plus. Bien sûr, si vous possédez un chat, il ne doit jamais pénétrer dans la pièce.

S'il y a de jeunes enfants dans la maison, ils seront bien sûr très excités par la présence des poussins et auront envie de les toucher. La manipulation excessive des poussins est un facteur de stress, il vous faut donc apprendre aux enfants à regarder et à participer aux soins des poussins, mais également à respecter leur fragilité et leur jeune âge.

Apprendre à boire aux poussins

Puisque vous servez de mère adoptive, vous devrez vous occuper de leur apprendre les premières leçons de vie. La première et la plus importante est de leur apprendre à boire de l'eau. Assurez-vous que l'eau soit tiède et additionnée d'un mélange d'électrolytes.

Placez l'eau dans un récipient plat – même un couvercle de pot de confiture fait l'affaire. Les poussins naissent avec l'instinct de picorer. Ils ont simplement besoin de votre aide pour découvrir l'eau. (Au bout de 24 heures, le mélange d'électrolytes ne sera plus nécessaire.)

Après les premières leçons, n'utilisez pas un abreuvoir qui laisserait les poussins s'éclabousser et se mouiller. Ils prennent vite froid. Posez l'abreuvoir sur des planches pour que l'eau soit à la hauteur des épaules des poussins.

Apprendre à manger aux poussins

Invitez les poussins à commencer à manger en éparpillant de la nourriture de démarrage adaptée à leur âge sur du papier journal ou sur un sac en jute étalé sur le sol. Ils pourront ainsi voir ce qu'ils mangent. Leur instinct leur dicte de regarder par terre. Une fois qu'ils ont commencé à picorer, la bataille est gagnée et vous pouvez commencer à utiliser une mangeoire normale. Les poussins picorent toute la journée, donc la nourriture doit être disponible à tout moment de la journée.

Types d'alimentation

Vous donnerez une nourriture de « démarrage » pendant les quatre premières semaines, puis vous passerez à une nourriture de « croissance » pendant les 16 semaines suivantes. Si vos poussins ont été vaccinés contre la coccidiose ou la maladie de Marek, ne leur donnez PAS de nourriture additionnée de médicaments.

(Voir le Chapitre 6 – Généralités sur la santé des Poules soie pour plus d'informations sur les maladies et les vaccins.)

Les aliments médicamenteux sont formulés spécifiquement pour combattre la coccidiose et la plupart contiennent de l'amprollium qui prévient la maladie. Si les poussins ont été vaccinés, l'amprollium ne fera pas de mal aux oiseaux, mais cela neutralisera le vaccin et le rendra inutile.

Ajouter du grit pour aider à la digestion

Les poules mangent de petits cailloux, qu'elles stockent dans leur gésier, qui est une poche musculaire située au bout de l'œsophage. Les cailloux ramollissent la nourriture, car les oiseaux n'ont pas de dents. Pour les poussins, donnez du sable ou du gravier pour perruches ou canaris mélangé à leur nourriture.

(Lisez l'étiquette des nourritures de démarrage ou de croissance que vous utilisez. Le grit peut déjà être inclus dans les ingrédients.)

Nettoyer l'éleveuse

Nettoyez quotidiennement l'éleveuse pour éviter que les déjections s'accumulent et servent de terreau à des organismes qui se développent dans les fientes en décomposition.

Pour la litière, utilisez des copeaux de pin, pas du cèdre, car ce dernier est toxique pour les poules. La paille a tendance à rester trop humide pour les poussins.

N'étalez pas une litière épaisse. Si les poussins ont froid et se mettent en boule dans la litière pour se réchauffer, ils peuvent suffoquer.

Réguler la température dans l'éleveuse

Ajustez la température en observant le comportement des poussins. S'ils courent dans tous les sens pour picorer et gratter, c'est qu'ils sont heureux et au chaud. S'ils sont rassemblés sous la lampe, ils ont froid. Les poussins dorment beaucoup, cela ne doit pas vous inquiéter, mais soyez à l'affut s'ils se blottissent ensemble.

Les poussins doivent avoir toutes leurs plumes pour pouvoir maintenir leur température corporelle avant que vous ne les sortiez de l'éleveuse. Pendant les saisons fraîches, cela peut prendre un mois, mais en été cela prendra trois semaines, voire moins.

Le sexage des poussins

Pour commencer, rappelons la terminologie appropriée : un jeune mâle est appelé coquelet ; une femelle du même âge est une poulette.

Il est très difficile de déterminer le sexe des Poules soie avant l'âge de 8 ou 9 mois. Les principaux indices sont :

La crête – En général la crête est plus grande chez les mâles et elle se développe plus vite, même si ce n'est pas toujours le cas.

La huppe – La huppe du poulet devrait posséder des plumes dirigées vers l'arrière. La huppe de la poulette ne possède pas ces plumes et elle est plus arrondie.

Les barbillons – Chez le mâle non barbu, les barbillons sont plus arrondis et plus grands que chez la femelle. Chez les mâles et les femelles barbus, les barbillons sont très petits au point d'être inexistants.

Les éperons – Les éperons sont entièrement absents chez les Poules soie femelles.

Le chant – On pense que le chant est un domaine exclusif des coquelets et des coqs, mais il peut arriver que les femelles chantent, même si c'est rare.

Les œufs – Bien sûr, c'est le test définitif. Si une Poule soie pond un œuf, c'est que c'est une poulette !

Le plumage – Les mâles ont des plumes plus longues dans le cou (le camail) et sur le rein (dans la zone juste avant la queue). En outre, ces plumes sont plus pointues au bout, et les plumes du rein (la selle) couvrent légèrement les ailes.

La queue — Chez les femelles, la queue est plus douce et plus arrondie. Chez des Poules soie de concours, en revanche, la queue des deux sexes doit être parfaitement ronde et large.

Il n'est pas inhabituel que même les éleveurs de Poules soie de concours les plus chevronnés se trompent lors du sexage des oiseaux. Même pendant les concours, on peut voir des éleveurs qui examinent des oiseaux et débattent de leur sexe.

Les gens qui ont travaillé avec les Poules soie pendant des années disent que plutôt que de suivre une quelconque approche scientifique pour le sexage des oiseaux, ils le devinent vers l'âge de 8 à 12 semaines.

50 % de réussite au jeu du sexage est considéré comme un assez bon score et dans de nombreux cas, l'oiseau doit chanter ou pondre avant que l'on soit véritablement certain du sexe.

5. Sexage par l'ADN

Les vétérinaires, les éleveurs et les propriétaires peuvent utiliser une méthode non chirurgicale pour déterminer le sexe d'une partie des oiseaux, y compris de la Poule soie, avec un taux de réussite de 99,9 %.

Le test est fait à partir d'un échantillon de sang ou de plume. Les deux méthodes sont aussi précises, mais les échantillons de plumes possèdent parfois trop peu de cellules pour l'analyse et les tests doivent être recommencés avec un nouvel échantillon.

(Les coquilles d'œuf peuvent aussi être utilisées pour le test ADN, si la membrane est toujours présente.)

Les kits pour collecter l'échantillon et le faire analyser dans un laboratoire spécialisé coûtent entre 15 et 20 € par oiseau, et prennent 3 à 10 jours en fonction du lieu et du laboratoire choisi.

6. Déterminer la qualité des oiseaux

Ne croyez pas ceux qui vous disent que la qualité concours des oiseaux peut être déterminée à partir des œufs ou des poussins.

Si certains défauts de naissance évidents comme les doigts tordus ou le bec croisé qui disqualifient la Poule soie pour les concours (voir le Chapitre 8 – Exposer des Poules soie) sont évités, c'est déjà bien. Mais les attributs positifs d'une poule de concours ne peuvent être discernés avant l'âge de 6 mois à un an.

7. Malformations congénitales courantes chez les Poules soie

Dans de nombreux cas, les malformations causent la mort des poussins. Tant que le poussin peut marcher, manger et boire, des propriétaires aimants peuvent composer avec tout problème physique, mais au bout du compte, la décision est toujours dictée par la qualité de vie de l'oiseau.

Trop souvent, les poussins meurent parce qu'ils n'ont pas la force ni les moyens physiques de se développer.

Deux des malformations les plus communes chez les Poules soie sont :

— *Le bec croisé*

Les parties supérieure et inférieure du bec sont mal alignées. La plupart des poules nées avec ce problème s'adaptent, mais les oiseaux ne sont pas qualifiés pour les concours. Le seul cas dans lequel un oiseau au bec croisé doit être euthanasié est si la malformation empêche l'oiseau de se nourrir et de boire.

Les poules liment naturellement leur bec en le frottant contre des rochers et d'autres surfaces dures. Les oiseaux au bec croisé ont du mal à accomplir cette tâche donc les propriétaires doivent utiliser des coupe-griffes pour chien, une lime, ou bien un petit Dremel pour raccourcir le bec.

Toutefois, cela doit être fait avec beaucoup de précautions, car le bec possède de nombreux vaisseaux sanguins et saignera abondamment si vous coupez trop loin. De la poudre hémostatique peut être utilisée pour stopper le saignement.

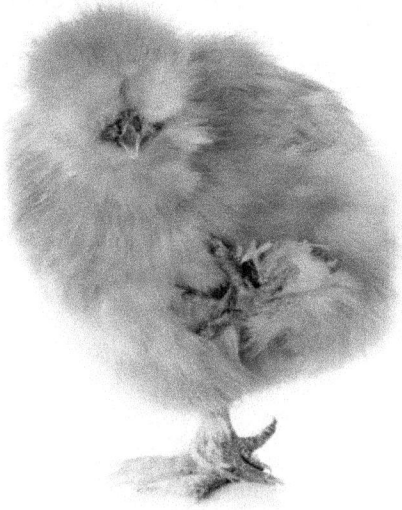

— *Déformations des pattes*

Les Poules soie, contrairement aux autres races, devraient avoir cinq orteils, mais des malformations des pattes sont courantes.

Les poules peuvent avoir des orteils en trop (la polydactylie) ou en moins, les orteils peuvent être recourbés vers le dessous du pied, être palmés comme ceux d'un canard, ou bien joints par de la chair excessive qui crée une sorte de pied bot.

N'importe laquelle de ces malformations suffit à disqualifier un oiseau autrement parfait des concours. (Il faut souligner que ce type de malformations est courant chez les oiseaux provenant de grands élevages.)
Il existe une grande variété de malformations congénitales chez les poules domestiques, depuis les pattes écartées jusqu'aux crêtes simples.

Si le poussin de Poule soie survit jusqu'à l'âge adulte, l'oiseau est considéré comme étant de « qualité jardin », mais il ne peut pas participer aux concours.

Les Poules soie sont si attachantes et aimées de leurs propriétaires, qu'un grand nombre de connaissances pratiques a été disséminé sur internet à propos des soins à apporter aux poules présentant des malformations physiques spécifiques.

Si vous faites éclore un oiseau possédant une malformation, il est fortement recommandé de rechercher l'avis d'autres propriétaires de Poules soie. (Consultez la liste de sites internet à la fin de ce livre pour plus d'informations.)

Chapitre 8 – Exposer les Poules soie

La préparation de la poule pour les expositions et concours est un processus assez compliqué, qui ne fait pas l'objet de ce livre, et qui est d'ordinaire mieux enseigné en présence d'un connaisseur qu'à partir d'un livre.

Toutefois, pour vous donner une idée de ce que la participation à une exposition implique, voici un aperçu de ce qui précède l'exposition et de ce qui se passe pendant le concours.

1. Avant l'exposition

Assurez-vous que votre Poule soie est en bonne santé. Une poule en bonne santé aura plus de réussite en compétition, mais surtout elle survivra le stress d'être à une exposition entourée d'autres poules et de gens.

En outre, les maladies et les parasites de poules sont fortement contagieux. N'exposez pas les autres poules de l'exposition à la vôtre si elle n'est pas en parfait état de santé.

Même si tout le monde possède un protocole différent pour la préparation des oiseaux avant un concours, un calendrier habituel comptera les étapes suivantes :

— Environ 12 semaines avant l'exposition, enlevez toute plume cassée pour qu'elle ait le temps de repousser. Ce problème est moins courant chez les Poules soie, en raison de la nature duveteuse de leur plumage, mais les plumes sur les pattes doivent être examinées.

— Environ un mois avant l'exposition, limez et raccourcissez le bec, les ongles, et/ou les éperons si nécessaire. Les bords doivent être redevenus lisses avant le concours.

— Une semaine avant l'exposition, donnez un bon bain à votre poule et attachez ou fixez la huppe vers l'arrière afin qu'elle reste propre. Si votre poule est blanche, vous pouvez utiliser un tout petit peu de teinture bleue – juste une goutte ou deux – pour donner une plus grande impression de blancheur. Attention ! Trop de teinture et vous aurez un oiseau bleu.

— Trois ou quatre jours avant l'exposition, donnez à nouveau un bain à la poule. C'est particulièrement important pour une race duveteuse comme la Poule soie, car vous recherchez le plus de « bouffant » possible pour le jour du concours.

À ce stade du jeu, la cage devra rester immaculée avec de la litière fraîche tous les jours. (Certains exposants donnent à nouveau un bain à leurs Poules soie la veille du concours.)

N'oubliez pas d'ajouter du vinaigre à l'eau de rinçage, car cela éliminera les graisses et autres résidus des plumes.

— Le jour de l'exposition, assurez-vous que les pattes de la Poule soie sont entièrement propres. Vous pourrez appliquer une très fine couche de vaseline sur les pattes, la crête, les oreillons, le bec et les barbillons pour augmenter leur lustre.

Une fois que vous êtes à l'exposition, amusez-vous ! C'est une opportunité pour rencontrer d'autres personnes qui aiment les Poules soie autant que vous. Vous pouvez apprendre beaucoup de choses des éleveurs et des autres exposants. Si vous avez l'intention de faire de la reproduction, une exposition peut être l'équivalent d'un jeu de séduction où vous jouez le rôle d'intermédiaire.

2. L'art de la mise en valeur de la Poule soie

Développer son sens de la mise en valeur et le rapport à l'oiseau ne se fait pas en une nuit. Vous devrez vous entraîner.

Heureusement, les Poules soie facilitent le processus, car elles sont très dociles et coopératives. Vous devrez toutefois vous entraîner à marcher avec votre Poule soie, car vous devrez la porter de sa cage pour la mettre dans le ring d'exposition. Vous devrez placer l'oiseau sur une table de manière répétée et il faudra lui apprendre à rester sur place.

Il suffit de faire quelques répétitions. Posez l'oiseau. Attendez qu'il commence à partir. Attrapez l'oiseau et reposez-le, récompensez-le chaque fois qu'il reste en place. Vous devrez vous entraîner jusqu'à obtenir 2 à 3 minutes d'immobilité avant de commencer à lui apprendre à poser.

Pour faire prendre la pose à la Poule soie, vous devez redonner du gonflant à la queue et relever la tête de l'oiseau en lui tendant une gâterie et en montant légèrement la main. L'idée est que l'oiseau étire son cou vers le haut et légèrement vers l'avant.

Ensuite, si le juge vous demande de vous présenter au ring d'exposition, entraînez-vous à donner les bonnes informations, qui comprennent :

Votre nom et votre âge
L'organisation ou l'association dont vous dépendez s'il y a lieu
Le sexe de votre oiseau*
L'âge de l'oiseau
La classe, race et variété de l'oiseau.

*Pour les expositions, les femelles de moins de six mois sont des poulettes, celles de six mois ou plus sont des poules. Les mâles de moins de six mois sont des coquelets, ceux de six mois ou plus sont des coqs.

Examen de l'oiseau

Afin que votre poule soit bien préparée à l'examen par le juge, entraînez-vous à faire les étapes suivantes.

La tête – Levez la tête avec votre doigt et examinez ses yeux, son bec et sa crête. Faites-le des deux côtés de la tête. Le jour du concours, soyez préparé à ce que le juge vous pose des questions sur ce que vous voyez.

Les ailes – Étendez les ailes en attrapant l'articulation de l'épaule et étirez doucement l'aile vers l'extérieur. Soulevez l'aile et soufflez sur les plumes en dessous. Le juge regardera pour voir si l'oiseau possède des parasites.

Couleur sous les plumes – Soulevez les plumes de la selle et du cou pour montrer la couleur en dessous et pour illustrer l'absence de parasites.

Largeur du corps – Placez votre pouce et votre index autour de la partie la plus large du corps de votre poule.

La poitrine – Retournez l'oiseau et collez son dos contre vous. Mesurez la longueur du bréchet avec le pouce et l'index.

Le cloaque – Baissez légèrement l'oiseau en le tenant face à vous. Écartez les plumes pour que le juge puisse voir l'anus et vérifier s'il y a des parasites.

Abdomen – Mesurez le nombre de doigts qu'il y a entre la poitrine et l'os pelvien, qui se trouve des deux côtés du cloaque.

Largeur entre les pointes de l'os pelvien – Regardez combien de doigts couvrent la largeur entre les pointes de l'os pelvien.

Tarses et doigts – Tournez la poule pour présenter les pattes et examinez-les à la recherche de saleté, de gale ou de toute autre irrégularité ou signe de maladie.

Tournez doucement la poule pour former un cercle complet, tout en regardant les pattes. C'est la dernière étape, donc la poule doit savoir attendre patiemment quand vous avez fini.

3. Les Poules soie : des poules adaptées aux concours

Les Poules soie sont une race parfaite pour participer à des concours avicoles, en particulier pour les jeunes exposants qui commencent tout juste à travailler avec des animaux de basse-cour et à se soumettre avec leur animal à l'avis des juges. Les Poules soie sont dociles, calmes, coopératives et aiment faire plaisir à leurs propriétaires.

Cela ne veut pas dire que les adultes n'exposent pas de poules. Il y a beaucoup d'occasions de présenter des poules d'ornement, que ce soit dans les foires ou les expositions. Pour plus d'informations, contactez le Poule Soie Club de France.

Postface

Contrairement à de nombreuses espèces de volailles, les Poules soie ne sont pas de bonnes pondeuses. Obtenir 120 œufs par an – environ 3 par semaine – est considéré comme un très bon rendement pour ces poules. Elles sont comestibles, mais leur viande est bleu-noir et possède un goût de gibier. Considérée comme un mets de qualité aux propriétés curatives dans les cultures orientales, les Poules soie sont très rarement élevées pour leur chair dans le monde occidental. Au contraire, en tant que race ornementale, elles sont très appréciées pour les concours et comme animaux de compagnie.

Depuis leur probable origine en ancien Orient, jusqu'à leurs voyages vers l'Europe au XVIe siècle le long de la Route de la Soie, ces oiseaux petits, élégants et dociles ont obtenu une réputation spéciale pour leur personnalité aimante et leur plumage unique. La soie de leur nom est adaptée à leur plumage qui, ne possédant pas les barbicelles à crochets, ne peut être décrit autrement que « duveteux » ou « poilu ».

Outre leur grande qualité pour les expositions, les Poules soie sont parmi les meilleures couveuses que vous rencontrerez. Leur instinct est si fort qu'elles couveront les œufs d'autres espèces, materneront les animaux orphelins et, si nécessaire, se mettront avec optimisme à couver sur un tas de cailloux. Même les coqs participent en surveillant les poussins et en leur offrant de bons insectes à manger.

Même si l'idée de posséder une poule de compagnie dans la maison est relativement nouvelle, aucune race ne saurait être mieux adaptée à vivre dans la maison que la Poule soie. Elles ne rechignent pas à ce qu'on leur mette des couches, et peuvent être entraînées à porter un harnais et une laisse. Elles sont silencieuses et intelligentes, comprennent les jeux et les tours et adorent passer du temps avec leurs propriétaires.

Le but de ce livre a été de vous fournir une vue d'ensemble de la race avec les informations adaptées pour vous aider à vous préparer à l'arrivée d'une Poule soie dans votre vie. Une des choses les plus agréables avec les Poules soie est que même si vous les possédez pendant une vingtaine d'années, elles continueront à vous surprendre et à vous enchanter tout au long de leur vie.

Une dernière mise en garde : souvenez-vous qu'il s'agit d'animaux vivants qui sont entièrement dépendants de vous. Assurez-vous que la Poule soie est un bon choix pour vous et que vous pouvez lui fournir l'environnement adéquat avant de la ramener chez vous. Cela passe également par le fait de vous renseigner sur les lois et les règles qui régissent le lieu où vous habitez. Préparez tout avant l'arrivée de la poule. Rassemblez toutes les fournitures et préparez l'enclos. Les Poules soie s'adaptent très bien, mais comme tous les oiseaux, elles sont vulnérables au stress, donc faites tout ce que vous pouvez pour minimiser ces problèmes.

Que vous ayez choisi d'acheter un jeune oiseau, un poussin ou même des œufs fertilisés à faire éclore dans un incubateur, les Poules soie sont des poules de compagnie amusantes, fascinantes et aimantes dès le premier jour. Vous serez étonné de la vitesse avec laquelle elles font partie de la famille, même si l'idée de posséder une poule de compagnie ne vous avait jamais effleuré auparavant. C'est ce qui fait le charme des Poules soie : elles ne sont pas comme les autres poules et dès que vous en aurez rencontré une, vous comprendrez pourquoi.

Listes de sites internet utiles

Poule Soie Club de France sur www.poulesoieclub.com

Société Centrale d'Aviculture de France sur www.s.c.a.f.free.fr

Association Interprovinciale Wallonne des Éleveurs d'Animaux de Basse-Cour sur www.neerhofdieren.be/AIW

Bantam-Club-Français sur http://bantam.club.jcm.pagesperso-orange.fr

Informations généralistes

Tous types de volailles sur http://volaillepoultry.pagesperso-orange.fr

Élever des poules sur www.les-poules.com

Poules naines sur http://poulesnaines.free.fr

Site sur le petit élevage sur www.avicolementvotre.be

Guide du petit élevage familial sur www.gallinette.net

Forum sur les animaux de basse-cour sur http://coop-la-basse-cour.forumactif.com/

Forum des animaux à plumes sur http://plumage.forum-actif.net/forum

Construction d'enclos et de poulaillers

Exemple de poulailler et d'enclos sur
http://creerunpoulallierpourlesnuls.unblog.fr

Plan de poulailler et de poulailler mobile sur www.animaux-de-compagnie.biz/t16405-plans-enclospoules-lapinsrongeur

Santé

Conseils sur www.omlet.fr

SOS Gallinacés sur www.sosgali.org/

Liste de maladies courantes : Équipe Québécoise des maladies avicoles sur www.eqcma.ca/accueil

Santé des animaux de basse-cour sur www.veto57.com

Matériel

La Ferme de Manon sur http://www.lafermedemanon.com

La Ferme de Beaumont sur http://www.fermedebeaumont.com

Vive l'élevage sur http://www.vivelelevage.com

Ducatillon sur http://www.ducatillon.com

UFS sur http://www.ufs-aviculture.fr

Farm Line sur http://www.farmline.fr

Éleveurs et grands élevages

Elsanor sur http://www.ornement.fr

La Ferme de Beaumont sur www.fermedebeaumont.com

Ailes & Lui sur http://www.ailes-lui.fr

Aviloisirs sur http://www.aviloisirs.com

Carte d'éleveurs de Poules soie en France sur
http://www.mappemonde.net/carte/La-negre-soie/europe.html

Foire aux Questions et informations sur la Poule soie

Le texte de ce livre traite environ de tout ce que vous devez savoir sur la Poule soie, depuis le bain jusqu'à la construction du poulailler, mais si vous êtes pressé de commencer, voici quelques questions qui reviennent souvent à propos de ces adorables petites boules de duvet.

Pourquoi les Poules soie possèdent-elles des plumes aussi soyeuses ?

Les fibres de la plupart des plumes ordinaires sont maintenues ensemble par de tout petits crochets qui rendent la plume rigide, mais flexible. Les plumes de la Poule soie ne possèdent pas ces crochets, donc les brins individuels de la plume forment une sorte de fourrure.

La Poule soie possède-t-elle une autre particularité ?

Elle possède cinq orteils. Ses pattes et ses orteils sont emplumés et sa peau, sa chair et ses os sont bleu-noir foncé.

Si j'ai des poules, n'aurais-je pas besoin d'un coq ?

Vous n'avez besoin d'un coq que si vous voulez élever des poussins. Si vous cherchez une poule pondeuse, la Poule soie n'est pas le meilleur choix. Vous aurez environ 3 œufs par semaine, ou 120 œufs à l'année (avec ou sans coq).

Les femelles Poule soie sont elles de bonnes mères ?

Il n'y a pas de meilleure mère dans l'univers des volailles que la Poule soie. Si une femelle Poule soie n'a pas de poussins à élever, elle maternera tout autre petit animal orphelin des alentours.

Même les coqs Poule soie participent en passant du temps avec les poussins et en leur apportant des insectes à croquer.

Est-ce que ce sont des « Nègre-soie » ou des « Poules soie » ?

Il s'agit de la même chose. Nègre-soie était leur ancien nom, qui a été changé en 2009 par la Commission des Standards en faveur de Poule soie.

L'espérance de vie d'une poule est de 8 à 15 ans. Les Poules soie étant plus petites, meurent-elles plus tôt ?

Pas nécessairement. L'espérance de vie d'une Poule soie est de 9 à 10 ans, mais cela ne fait pas longtemps que les gens ont commencé à avoir des poules de compagnie et des poules qu'ils gardent dans la maison. Avec beaucoup de soins, il est tout à fait possible qu'un de ces oiseaux vive jusqu'à l'âge de 20 ans.

À quel âge les Poules soie sont-elles assez âgées pour commencer à pondre ?

En règle générale, une femelle commencera à pondre vers l'âge de 5 ou 6 mois, mais cela peut être vers 8 ou 9 mois. Avant cela, il est presque impossible de deviner le sexe de la Poule soie. Parfois ce premier œuf sera la seule façon de savoir que vous possédez une femelle !

Je vois des annonces pour des « Poule soie bleue » et « Poule soie blanche ». Combien y-at-il de couleurs ?

La Poule soie peut être blanche, noire, bleue, fauve, gris perle, perdrix doré ou perdrix argenté. Il en existe des rouge ou des coucou qui ne sont pas admises en France.

Il me faudra combien de nourriture pour mes poules ? Elles mangent bien n'importe quoi ?

Les poules sont omnivores, et elles ont besoin de pouvoir accéder à de la nourriture et à de l'eau à tout moment de la journée. En général, une poule mangera de 100 à 170 grammes de nourriture par temps froid et un peu moins en été. Leur consommation dépend aussi de l'accès qu'elles ont aux insectes et à vos restes.

J'ai vu une publicité sur internet pour des « Poules soie à vendre » et j'ai commandé des poussins. Combien de temps peuvent-ils survivre sans nourriture ?

La plupart des gros éleveurs envoient les poussins quand ils ne sont âgés que d'un jour, car juste avant d'éclore, les poussins absorbent tous les nutriments contenus dans l'œuf, des nutriments très riches. Les poussins qui viennent d'éclore ne sont pas nourris avant 2 ou 3 jours, ce qui est juste assez longtemps pour les envoyer par transporteur. Assurez-vous simplement qu'il y ait quelqu'un chez vous pour recevoir le colis et offrez immédiatement de l'eau et de la nourriture aux poussins.

Je suis intéressé, mais je ne sais pas où acheter des Poules soie.

Souvent, la réponse se trouve dans votre moteur de recherche favori. Utilisez des mots comme « poule soie », « vente Poule soie », « Poule soie à vendre », « acheter Poule soie » et vous trouverez des éleveurs qui livrent les œufs fertilisés ou les poussins. Si vous ne souhaitez pas acheter par internet, contactez le Poule Soie Club de France qui pourra peut-être vous donner des noms d'éleveurs dans votre région.

Est-ce que je peux apprendre la propreté à ma Poule soie ?

Il y a des gens qui prétendent avoir appris à leurs poules à « faire » sur du papier journal, mais la sagesse populaire veut qu'on ne puisse pas. Vous pouvez, en revanche, leur mettre une couche. Pour plus de détails, consultez le Chapitre 4.

Puis-je utiliser une laisse avec ma poule ?

Tout à fait. Vous utiliserez un harnais pour poule plutôt qu'un collier. Le harnais possède un anneau dans le dos, au milieu entre les ailes. C'est là que vous fixez la laisse. « Promener » la poule consiste à suivre la poule pendant qu'elle picore et gratte, mais cet arrangement vous laisse contrôler la situation.

Les prédateurs s'attaqueront-ils à mes poules ?

Oui, il y a de nombreux prédateurs qui sont dangereux pour vos poules : les renards, les faucons, les buses, les serpents, les écureuils et les chiens et les chats.

Quand est-ce que je peux mettre les poussins avec les autres poules ?

Ne sortez pas les poussins avant qu'ils aient toutes leurs plumes, en général un mois après l'éclosion. Ils ne peuvent pas réguler leur température corporelle avant d'avoir des plumes.

Combien faut-il de place pour une poule dans le poulailler ?

L'espace recommandé pour une seule poule dans le poulailler ou l'enclos est de 0,4 m².

Quel est le meilleur matériau pour couvrir le sol du poulailler ?

Les copeaux de pin sont une bonne option (n'utilisez pas de copeaux de cèdre, car c'est toxique pour les poules). La paille est bien aussi, mais elle ne doit pas devenir humide, sinon elle devient un paradis pour les mites et autres parasites, en particulier quand la chaleur augmente.

J'ai vu une annonce pour une Poule soie naine bleue. Quelle est la différence entre une naine et une taille normale ?

Les naines font en général un quart de la taille des poules ordinaires. Les Poules soie pèsent en moyenne 0,68 à 1,8 kg.

Pourquoi mes Poules soie noires ne pondent-elles pas ? Ai-je acheté la mauvaise variété ?

Il n'y a que deux « types » de Poule soie, les barbues et les non barbues. Les couleurs sont simplement des couleurs et ne sont pas liées à la variété. Les Poules soie ne pondent jamais beaucoup d'œufs. Trois œufs par semaine sont considérés comme une bonne production. Si vous voulez élever des poules pour leurs œufs, les Poules soie sont un mauvais choix de race.

Mes Poules soie mangent leurs propres œufs. Que dois-je faire ?

Lorsque les poules se mettent à manger leurs œufs, c'est qu'elles manquent probablement de calcium. Achetez des coquilles d'huîtres écrasées dans votre animalerie et suivez le mode d'emploi pour en ajouter à la nourriture de vos poules.

Est-ce que je peux laver mes Poules soie noires ?

Tout à fait. Toutes les Poules soie aiment prendre un bon bain. Dans le Chapitre 5, vous trouverez des explications sur la façon de baigner et de sécher votre poule au sèche-cheveux. Cela ne les gêne pas du tout.

Quelle est la meilleure manière d'introduire les Poules soie dans un groupe de poules déjà existant ?

Les Poules soie sont des oiseaux très dociles, malgré tout il vaut mieux séparer les nouveaux arrivants à l'aide d'une barrière pendant quelques semaines. Laissez tout le monde s'habituer à la présence des autres pour éviter toute bagarre ou agression. Lorsque vous enlèverez la barrière, surveillez-les au début pour éviter tout incident.

Que se passe-t-il lorsqu'une poule mue ?

À la fin de l'été ou au début de l'automne, les poules perdent leurs plumes et celles-ci repoussent. C'est un processus naturel. Vos Poules soie auront l'air « plumées » pendant quelques semaines, mais tout cela est normal.

Les poules ont-elles une odeur particulière ?

Non. S'il y a une mauvaise odeur, c'est que leur enclos doit être nettoyé plus souvent.

Ma fille aimerait commencer les concours avicoles. Les Poules soie sont-elles un bon choix ?

Les Poules soie sont parfaites pour les concours. Elles sont dociles et coopératives, ce qui les rend plus faciles à manipuler dans le ring d'exposition pour les enfants. Consultez le Chapitre 8 pour un aperçu des concours.

Annexe I — Standard officiel de la Poule Soie

(***Source*** : Poule Soie Club de France sur http://www.poulesoieclub.com/t2066-standard-officiel-de-la-poule-soie consulté en novembre 2013.)

Origine et particularités :

Asie, déjà décrite par Marco Polo au XIIIème siècle en Chine. Perfectionnée plus tard au Japon, en Europe et aux États-Unis. Caractère calme et familier, excellente couveuse.

Aspect général :

Volaille huppée de taille moyenne, courte, large, toute en rondeur et au plumage soyeux. Tarses emplumés et présence de 5ème doigt. Couleur de peau bleu noirâtre.

Caractéristiques du coq :

Corps : court et large, aux contours bien arrondis, couleur de la peau bleu noirâtre.

Cou : court, camail abondant.

Dos : court et bien concave.

Epaules : larges

Ailes : courtes, bien collées au corps et portées à l'horizontale.

Selle : large.

Queue : courte et large, portée haute et de forme bien arrondie. Plumage souple.

Poitrine : large, profonde et bien arrondie.

Abdomen : bien développé.

Tête : courte et arrondie. Un bourrelet de chair est admis en soutien de la huppe.

Face : lisse à légèrement duveteuse, bleu noirâtre.

Crête : coussin de chair plus large que long, de taille moyenne et traversé au premier tiers par un sillon transversal. Sans épines. De texture lisse de préférence et de couleur bleu noirâtre.

Barbillons : petits, mais bien apparents, arrondis et bleu noirâtre.

Oreillons : petits, plutôt ovales et bleu turquoise. Chez les coqs âgés, la teinte devient naturellement plus claire.

Yeux : grands, brun noirâtre aussi foncés que possible.

Bec : court, arrondi et de couleur bleuâtre à noire.

Huppe : de taille moyenne et ne cachant pas les yeux. Forme arrondie et composée de plumes dirigées vers l'arrière

Barbe si présente : pleine, couvrant les barbillons et les oreillons. Favoris bien développés.

Cuisses : courtes, cachées dans le plumage, sans manchettes.

Tarses : courts, emplumage moyen jusqu'au doigt externe, bleu foncé.

Doigts : 5, les 4ème et 5ème doigts bien séparés au niveau de l'implantation, le 5ème doigt légèrement dirigé vers le haut.

Plumage : de texture soyeuse, long, abondant et souple.

Caractéristiques de la poule :

Mêmes caractéristiques que le coq, en tenant compte des différences sexuelles.

La huppe ronde ne cache pas les yeux.

Défauts éliminatoires :

Plumage dur. Absence de huppe. Présence d'une protubérance osseuse de la boite crânienne. Crête autre que celle décrite ou présence d'épines. Yeux trop clairs. Crête, barbillons ou face rougeâtres. Couleur de peau claire. Absence de 5ème doigt ou mauvaise implantation des 4ème et 5ème doigts. Doigts ou ongles surnuméraires. Tarses non emplumés. Jarrets de vautour. Croisement entre variétés barbue et non barbue. Masse inférieure à celle demandée.

Variétés :

Toutes les variétés peuvent exister avec ou sans barbe.

— <u>Blanche</u> : Un léger reflet paille est toléré chez le coq âgé.

Défauts : trace d'autre couleur dans le plumage.

— <u>Noire</u> : Plumage noir intense et uniforme, sous couleur noire.

Défauts : trace de couleur dans le camail. Coloris terne.

— <u>Bleue</u> : Plumage bleu le plus uniforme possible. Coq avec parures plus foncées.

Défauts : couleur trop claire ou trop foncée, plumes d'autre couleur.

— <u>Fauve</u> : Plumage fauve soutenu et uniforme, camail brillant, sous plumage et hampe des plumes fauves. Un peu de noir ou de bronze sont tolérés dans la queue du coq ainsi que quelques marques foncées dans les rémiges si celles-ci ne sont pas visibles lorsque les ailes sont fermées.

Défauts : sous plumage fumé, trace de noir dans la queue des poules. Coloris trop clair ou trop rouge.

— <u>Gris perle</u> : Plumage gris clair uniforme. Le rachis des plumes est de la même couleur que les barbules. De fines barres noires dans le camail ne sont pas à considérer comme un défaut (c'est un signe de pureté de la couleur)

Défauts : Camail des coqs trop foncé, froment dans les parures, plumes d'autre couleur.

— <u>Perdrix doré</u> : Coq : Tête, huppe et barbe brun noirâtre. Camail, dos et lancettes rouge orangé flammés de noir. Poitrine noire (quelques taches brunes ne sont pas à considérer comme défaut). Epaules brun rougeâtre. Queue noire. Rémiges primaires noires. Rémiges secondaires noires avec barbes externes brunes, formant un miroir. Abdomen, cuisses et emplumage des tarses brun noirâtre. Sous plumage gris.

Défauts : Parures trop claires.

Poule : Tête, huppe et barbe brunes à noirâtres. Camail et poitrine brun marqué de doré sans dessins organisés. Dos et couvertures des ailes brun foncé avec un léger poivrage. Queue brun noirâtre. Rémiges brunes, légèrement marquées de dessins plus clairs non organisés. Ventre, cuisses et emplumage des tarses brun noirâtre.

Défauts : Camail jaune paille, coloris trop clair ou trop foncé.

— <u>Perdrix argenté</u> : Coq : Tête, huppe et barbe gris foncé (quelques plumes gris argenté ne sont pas à considérer comme défaut). Camail, dos et lancettes gris argenté flammés de noir.

Poitrine grise (quelques taches claires ne sont pas à considérer comme défaut). Epaules gris argenté. Queue gris foncé à noire. Rémiges primaires gris foncé à noires. Rémiges secondaires noires avec barbes externes marquées de gris argenté, formant un miroir. Abdomen, cuisses et emplumage des tarses gris noirâtre. Sous plumage gris.

Défauts : Poitrine dessinée. Coloris d'ensemble trop clair ou trop foncé.

Poule : Tête, huppe et barbe grises à gris foncé. Camail et poitrine gris marqué d'argenté sans dessins organisés. Dos et couvertures des ailes gris avec léger poivrage. Queue gris foncé. Rémiges gris foncé, légèrement marquées de dessins argentés non organisés. Ventre, cuisses et emplumage des tarses gris foncé.

Défauts : Camail entièrement blanc. Coloris trop clair ou trop foncé.

Masses :

Coq : minimum 1,4 kg/Poule : minimum 1,1 kg

Masse minimale de l'œuf à couver : 40 grammes

Couleur des œufs : Coquille crème à brun clair.

Diamètre des bagues : Coq : 18 mm/Poule : 16 mmFeather

POULE SOIE NAINE :

Description identique avec pour seules différences :

Origine :

La naine est de création européenne, aux Pays-Bas.

Masses idéales : Coq : 600 g/Poule : 500 g

Masse minimale de l'œuf à couver : 25 grammes

Diamètre des bagues : Coq : 12 mm/Poule : 12 mm

Défauts éliminatoires :

Défauts identiques sauf pour la masse. Sujet trop fort.

Glossaire

Alimentation commerciale – Nourriture pour les poules mélangée par le fabricant selon une recette publiée et vendue dans le commerce.

Bains de poussière – Une habitude des poules qui se roulent dans des « nids » de terre ou de poussière pour se rafraîchir, pour éliminer la graisse de leurs plumes et pour éliminer les parasites.

Bantam – Un terme qui décrit des poules ou des canards de petite taille. Les poules bantam font généralement ¼ de la taille des races plus grandes. On les appelle souvent « poules naines » également.

Barbe – Un groupement de plumes situé juste au-dessous du bec de l'oiseau. Désigne également les « brins » de plume parallèles qui se trouvent de part et d'autre de la tige.

Barbules – Les filaments de plumes perpendiculaires aux barbes et qui portent de minuscules crochets qui donnent à la plume sa rigidité et sa cohésion.

Bec – La structure dure formant le nez et la bouche de la poule. Légèrement courbé et se terminant en pointe.

Bouffant – Amas de plumes duveteuses.

Bréchet – Os ventral où s'insèrent les muscles pectoraux.

Camail – Désigne les plumes de l'arrière du cou, étroites et longues pour le coq, arrondies pour la poule.

Coccidiose – Une maladie rencontrée chez les oiseaux et les mammifères qui affecte les intestins et qui est généralement fatale.

Côcher – Lorsque le coq couvre la femelle pour féconder celle-ci.

Concours – Dans le contexte des volailles, c'est un événement avec des juges où les oiseaux sont mis en compétition les uns avec les autres pour déterminer à quel point ils correspondent au standard officiel de leur race.

Coq – Poule mâle.

Coquelet – Un jeune mâle.

Couches – Vêtement hygiénique destiné à recueillir les urines et les déjections. Utilisé chez les bébés humains, mais aussi chez les animaux auxquels on ne peut pas apprendre la propreté.

Couvée – Désigne l'ensemble des œufs couvés par un oiseau ou bien le groupe de poussins une fois qu'ils ont éclos.

Crête – Excroissance de chair sur le haut de la tête d'une poule qui, avec les barbillons et le bec, servent à réguler la température du corps. Les Poules soie ont une crête en forme de rose ou de coussin.

Duvet – Sur les poussins nouveaux nés, les plumes douces qui font penser à de la fourrure. Chez les oiseaux adultes, le duvet se trouve sous les plumes principales, en général près du derrière ou sous les ailes. Les plumes des Poules soie adultes, parce qu'elles n'ont pas de crochets sur les barbules, ressemblent de près à du duvet.

Éleveuse – Un enclos chauffé qui est utilisé pour imiter la chaleur que la mère poule offre à ses poussins. Ce petit espace est utilisé pour élever les poussins pendant les 4 à 6 premières semaines de leur vie. Le sol doit être couvert de litière et il doit y avoir une lampe chauffante, de la nourriture et de l'eau.

Faucilles – Les plumes pointues de la queue d'un coq.

Gale des pattes – Causée par une mite particulière qui creuse sous les écailles des pattes des poules, causant des gonflements et des croûtes.

Huppe – Sur les races huppées, un ensemble de plumes poussant sur le haut de la tête.

Incubation naturelle – Lorsque des œufs fertilisés sont couvés par une poule.

Lancettes – Chez le coq, longues plumes pointues du dos.

Litière – Tout matériau étalé sur le sol dans un poulailler. Les substances les plus couramment utilisées sont la paille, différentes sortes de foin et d'herbe et de la sciure ou des copeaux de bois.

Maladie de Marek – Une maladie infectieuse des volailles causée par le virus de l'herpès et qui attaque le système nerveux, cause des paralysies et se termine par la formation de tumeurs.

Manteau – Plumage supérieur du dos et de l'arrière du cou.

Mirage – La méthode utilisée pour observer un œuf et voir s'il a été fertilisé.

Mue – Le processus par lequel une poule perd et refait pousser ses plumes primaires.

Mycoplasmes – Micro-organismes parasites et pathogènes qui ne possèdent pas de paroi cellulaire et ne sont donc pas affectés par les antibiotiques courants.

Mycotoxines – Une substance toxique causée par la croissance d'un champignon.

Nid – L'endroit choisi par la poule pour pondre ses œufs.

Nourriture de démarrage – Alimentation possédant une grande concentration de protéines formulée spécifiquement pour les jeunes poussins.

Omnivore – Un animal ou une personne qui mange de la nourriture animale et végétale.

Perchoir – La barre surélevée sur laquelle les poules dorment pendant la nuit.

Plumage – L'ensemble des plumes d'un oiseau.

Poulailler – Toute structure construite dans le but d'abriter des poules. Un poulailler peut ou non posséder un enclos attenant.

Poulette – Une jeune poule femelle.

Salmonelles – Une bactérie qui se trouve dans les intestins et qui cause des troubles gastro-intestinaux couramment appelés « intoxication alimentaire ».

Selle – Les plumes sur le dos d'une poule qui pointent vers l'arrière.

Sexage – Le fait de trier les jeunes poussins selon leur sexe, un processus quasiment impossible chez les Poules soie avant l'âge de 8 à 9 mois.

Tarse – Partie de la patte située entre les orteils et la première articulation.

Standard – Le standard d'une race est une description des caractéristiques qu'un oiseau doit posséder pour être considéré comme un exemple idéal de sa race.

Volaille – Des oiseaux, comme les poules, qui ont été domestiqués pour leur production de viande ou d'œufs, ou pour servir d'animaux de compagnie.

Bibliographie

Ouvrages en français :

Audureau, Michel et Méaille, Patricia. *J'élèverais bien des poules !* Terre Vivante Éditions, 2012.

Chevalier, Frédérique. *Élever des poules : guide du débutant.* Ideo, 2013.

Périquet, Jean-Claude. *La poule.* Rustica Éditions, 2013.

Périquet, Jean-Claude. *Le Traité Rustica de la basse-cour.* Rustica Éditions, 2012.

Rousseau, Élise. *Tout pour ma poule : La choyer, la soigner, l'élever.* Delachaux et Niestlé, 2012.

Tiers, B, Mulliez, B et Vandenberghe B. *Poules d'ornement pour le jardin ou la basse-cour.* Les Éditions Eugen Ulmer, 2009.

Ouvrages et sites en anglais :

AmericanSilkieBantamClub.org

Anderson, M. *The Backyard Chickens Breed Guide.* Kindle Edition. 2013.

BackYardChickens.com

Damerow, Gail. *Storey's Guide to Raising Chickens: Care, Feeding, Facilities.* 3 [rd] ed. North Adams, MA : Storey Publishing, 2010.

Heinrichs, Christine. *How to Raise Poultry*. Voyageur Press. Kindle Edition. 2009.

Jeffreys, Mel. *A Beginners Guide to Keeping Backyard Chickens: Breed Guide, Chicken Tractors & Coops, Hatching & Raising Chicks, Plus More*. Kindle Edition. 2013.

MyPetChicken.com

Percy, Pam. *Field Guide to Chickens*. Voyageur Press, 2006.

Ruppenthal, R.J. *Best Chicken Breeds: 12 Types of Hens That Lay Lots of Eggs, Make Good Pets, and Fit in Small Yards*. Kindle Edition. 2012.

Ruppenthal, R.J. *Backyard Chickens for Beginners*. Kindle Edition. 2012.

The Silkie Club of Great Britain at www.thesilkieclub.co.uk

Willis, Kimberley and Rob Ludlow. *Raising Chickens For Dummies*. Hoboken, NJ: Wiley Publishing, Inc., 2009.

www.ingramcontent.com/pod-product-compliance
Lightning Source LLC
LaVergne TN
LVHW021552080426
835510LV00019B/2487